–

동래중앙교회 예람

기독교인문학강좌

–

곽병휴 교수의

# 기독교 인문학 특강

곽병휴 지음

신아사

미혼모님들께 이 책을 바칩니다.

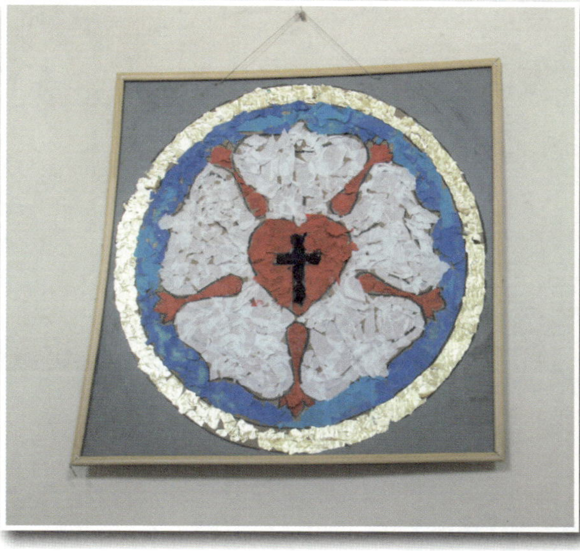

상트 마르가레텐 교회(페르나발하우젠)에 걸려 있는 루터 장미

베를리너 돔(베를린) 현관 위에 새겨져 있는 루터 장미

아폴로나레 누오보 교회(라벤나)의 동방박사 모자이크

운트러 브뤼케(밤베르크)의
쿠니군데

동방박사 유골함이 안치 되어 있었던 에우스토르기오 교회(밀라노)

밤베르크 성당 내에 있는 하인리히 2세와 황후 쿠니군데의 지상묘

1999년 국제 부활절 달걀 전시회(만하임)

호엔 슈반가우(퓌센)의 달걀 조형물

쾰른 카니발의 모습

추천서

# 쉽고 재미있는 기독교인문학 특강

몇 년 전부터 인문학이 다시 우리 삶의 중심으로 들어왔다. 많은 매체들마다 인문학에 대해 관심을 가지고 소개를 하고 있다. 예전에는 전혀 관심도 갖지 않았던 다양한 주제들이 스타 강사를 통해 강의 되면서 일반 대중들의 관심이 인문학으로 집중되고 있는 것이다.

인문학은 객관적으로 존재하는 자연현상을 다루는 자연과학과는 달리 인간의 가치 탐구와 표현 활동을 그 대상으로 하고 있다. 여기에는 언어, 언어학, 문학, 역사, 법률, 철학, 고고학 예술사, 비평, 예술의 이론과 실천, 그리고 인간을 내용으로 하는 학문이 포함되어 있다. 동서고금을 막론하고 사람이 존재한 곳이라면 인문학 역시 존재했다고 할 수 있다.

기독교 인문학은 인간이 남긴 다양한 인문학의 영역을 기독교적인 시각으로 재조명하고 이 땅 가운데 두신 하나님의 뜻을 발견하고자 하는 학문이라 정의할 수 있을 것이다.

동래중앙교회 산하 예람신학연구소에서는 이에 부응하고 한국교회의 새로운 이정표를 제시하고자 2016년부터 2018년까지 3년간 예람 기독교인문학강좌를 개설하였다.

다양한 신학자들이 이 강좌를 통해 기독교인문학을 강의하였는데, 그 중에서도 곽병휴 교수는 평신도임에도 탁월한 식견과 오랫동안 유럽을 오가며 축적한 자료를 토대로 일반인들도 쉽게 이해할 수 있고 재미있는 강의를 진행하였다.

그 강의 내용이 이렇게 책으로 출간되고 글로 읽혀지게 되어 많은 독자들을 만나게 된다고 하니 감개가 무량할 따름이다. 아무쪼록 많은 독자들이 이 책을 접하며 기독교인문학에 더 깊은 관심을 가지고, 이 땅 가운데 하나님의 선한 뜻을 발견해 나가는 귀한 도구로 쓰임 받을 수 있기를 소망한다.

동래중앙교회 위임목사 정성훈

추천서

## 알면 더 은혜롭고, 알면 더 재미있다

곽병휴 교수는 무엇을 해도 잘 하고 싶어 한다. 바르게 하고 싶어 한다. 제대로, 바르게 하고 싶은 마음에 궁금증이 많다. 그의 그런 궁금증이 많은 사람들에게 유익이 된다. 역사적으로 궁금증은 성장과 발전의 원동력이 되어 왔다.

알면 더 은혜롭다. 알면 더 재미있다. 『곽병휴 교수의 기독교 인문학 특강』이 그렇다. 모르면 놓치고 지나갔을 것들을 알게 해 준다. 그 안에 보석처럼 감추어진 은혜를 끄집어내 준다. 그래서 더 생각하게 만들고, 그래서 더 은혜롭게 해 준다.

모르면 좋은 의도로 하는 것들이 악용되기도 한다. 『곽병휴 교수의 기독교 인문학 특강』은 그런 오류를 바로 잡아준다. 종종 하나님의 이름으로 당당히 행했던 것들 중에 알고 보니 잘못된 것들이 있어 당황할 때가 있다. 잠시 당황한 것으로 끝나면 그나마 다행이다. 어떤 것들은 그렇게 의도하지 않았다 하더라도 결과적으로 악한 것이 되거나, 악한 것에 유익을 주는 일들도 있다. 그렇다면 그것은 반드시 바로 잡아야 한다. 그런 점에서 이 책이 도움을 준다.

곽병휴 교수는 여행을 자주 한다. 조사하고, 연구하고, 확인하기 위해서다. 그 수고가 크다. 덕분에 우리는 단지 이 책을 읽는 작은 수고로 큰 것들을 얻는다. 그것이 많이 고맙다. 많은 사람들이 '작은 수고'로 더 재미있게, 더 은혜롭게, 더 바르게 신앙생활을 하면 좋겠다. 원치 않았는데 어느 날 미혼모가 된 분들에게 특별히 이 책이 도움이 된다고 하니 더 없이 기쁘다.

곽병휴 교수님, 수고 많으셨습니다.
참 감사합니다.

이천십구 년 벚꽃닢에 흩날리는 삼월 어느 날에
대연성결교회 위임목사 임석웅

추천서

# 평신도 교수가 풀어가는 흥미진진하고 유익한 이야기

곽병휴 교수님의 기독교 인문학 특강에 추천의 글을 쓰게 된 것을 기쁨과 영광으로 생각합니다.

곽 교수님을 처음 만난 것은 제가 목회하던 땅끝교회(당시에는 '영도중앙교회'였음)에서 입니다. 곽 교수님은 매사에 열정적이어서 교회에 등록하던 첫 주일에 제게 "찬양대원으로 섬기고 싶은데 어떻게 하면 됩니까?"라고 물으셨습니다. 등록하던 첫 주일에 이런 질문을 하는 분은 없었기 때문에 적지 않게 놀랐습니다. 그 후 곽 교수님은 안수집사가 되기까지 충성하면서 열정적으로 교회가 건축으로 힘들 때 중요한 역할을 감당하셨습니다.

곽 교수님은 언제나 그 가슴에 불을 담고 있는 분이라 여겨집니다. 평범하게 생각하지 않고 무엇이나 세밀한 마음을 기울여 있는 힘을 다하는 분입니다.

금번에 동래중앙교회 정성훈 목사님께서 마음을 쓰신 예람신학연구소의 인문학강의에서 강의하신 것을 출판하게 된 것을 축하드립니다.

이 글에는 역사, 문화, 기독교 이야기, 성경에 이르기까지 다양한 주제를 망라하고 있습니다. 더구나 전문 신학자들에 의해 조명된 틀에 박힌 이야기가 아니라, 평신도 교수님에 의해 관찰된 내용이 담겨 있어서 매우 흥미진진하고도 유익합니다.

더구나 이 책이 미혼모들을 위하여 쓰여질 계획이라고 하니 금상첨화입니다.

많은 분들이 이 책을 통해 유익을 얻길 원합니다.

앞으로도 곽 교수님께서 많은 강좌를 통해 잔잔한 깨달음과 기쁨을 선물하는 삶을 사시길 기원합니다. 그리고 이런 자리를 준비하신 동래중앙교회도 감사드립니다. 이런 수고들이야말로 그리스도인들이 이 땅에서 감당해야 할 마땅한 몫이라 여겨집니다.

모두 애쓰셨습니다.

책의 출간을 축하드립니다.

영락교회 위임목사 김운성

곽병휴 교수의
기독교 인문학 특강

# 목 차

## 십자가 없는 교회?

## 동방박사에 얽힌 이야기

## 달력의 역사, 성탄절, 그리고 종교개혁과 그레고리우스력



## 평신도의 열왕기 읽기(미완성)

## 교회와 유머



## 밤베르크와 쿠니군데 폰 룩셈부르크

## 부활절: 가장 오래된 기독교 절기

# 곽병휴 교수의
# 기독교 인문학 특강

# 십자가(✝) 없는 교회?[1)]

"공의는 단지 지옥에만 있으며,
천국에는 은혜가,
그리고 지상에는 십자가가 있다."

- 게르트루트 폰 레 포르트(1876~1971) -

## 왜 십자가에 관심을 갖게 되었나?

'십자가 없는 교회?'라는 제목의 특강이나 글의 제목을 듣게 된다면 누구나 먼저 '교회나 성도에게 예수님의 십자가 정신이 있어야 하는데, 십자가 정신이 결여된 교회나 성도에 대해서 이야기하려는가 보다'라고 생각할 것이다. 하지만 이런 유의 글이나 특강은 기독교 신학자나 목사님들께서 하실 것이지 감히 평신도가 할 수 있는 것은 아닌 듯싶다. 다시 말하면 본 글에서 필자는 '십자가'와 관련하여 추상적인 '기독교의 십자가 정신'을 말하려고 하는 것이 아니라, 구체적인 '십자가 이미지'에 대해서 이야기하려고 한다. 그런데 '십자가 이미지'에 대해서 말하고자 하는데 왜 논제가 그냥 '십자가'가 아니라 '십자가 없

1) 곽병휴(2007): 베를린에서 쓴 독일, 독일인. 효민디엔피. 136~143쪽 내용을 수정 보완한 것임.

는 교회?'인가? 사실 이 질문은 필자가 십자가에 관심을 갖게 되었을 때 스스로에게 던진 질문이다. 나아가서 이 글을 읽는 독자들에게도 같은 질문을 던지고자 한다.

필자가 스스로에게 처음 이 질문을 던진 것은 20여년 전이다. 필자가 재직하고 있는 대학의 로고를 선정하는 과정에서 선정위원으로 참가한 필자는 학교 로고에 들어있는 가로와 세로의 길이가 같은 십자가가 기독교를 상징하는 십자가가 될 수 있느냐에 자신이 없었다. 뿐만 아니라 그 후 멀티미디어의 발달로 교회 예배당에 대형 스크린이 설치되면서 교회 본당 정면의 십자가를 없애는 것이 과연 기독교 전통에서 바람직한가?라는 질문을 던지게 되었다. 게다가 2003년에 필자가 청년들을 인솔하여 블라디보스톡으로 선교여행을 갔을 때 한 묘지 곁을 지나가게 되었는데, 특이한 형태의 십자가가 세워져 있는 것을 보고 청년들이 필자에게 그것이 무엇을 의미하는지 질문을 했다. 하지만 필자는 그 질문에 제대로 대답을 할 수가 없었다. 그것은 필자가 특히 다른 기독교인들보다 무지했다기보다는 우리나라와 같이 척박한 기독교 문화에서 그것을 알기가 쉽지 않았기 때문이 아닐까? 지구촌교회 이동원 목사님께서 당회장으로 재직 당시 교회 홈페이지에 올려놓은 다음과 같은 질문과 대답을 우리는 특별한 반성 없이 그냥 그대로 받아들여도 될까?

**질문: 왜 교회 안에 십자가가 걸려있지 않나요?**

십자가는 기독교의 가장 중요한 상징임에 틀림이 없습니다. 그러나 상징을 반드시 모든 기독교 건물이나 모든 의식에 사용해야 하느냐는 것은 별개의 문제라고 생각합니다. 중세기에는 이런 상징들이 지나치게 남용되어 사실 종교 개혁자들 중에는 교회 건물에 십자가를 사용하는 것을 반대한 분들도 있었습니다. 중요한 것은 십자가라는 상징물이 아니라 십자가의 메시지라고 생각합니다.

우리 지구촌 교회는 십자가, 즉 예수 그리스도의 죽으심과 다시 사심(부활)이야말로 복음의 핵심이라고 믿고 있습니다. 교회가 복음을 강조하지 않는다면 교회는 예수 그리스도의 교회이기를 포기한 것으로 믿고 있으며, 따라서 우리 교회의 모든 설교, 모든 교육과 훈련의 핵심에서 십자가를 항상 강조하고자 노력하고 있습니다.

그리고 우리 교회는 우리 교회에 속한 모든 지체들이 우리를 위해 죽으시고 다시 사신 그리스도를 위해 살아가도록 기대하고 있습니다. 우리는 이것이 십자가를 건물에 매다는 것보다 더 중요한 것이라고 믿고 있습니다.

아무튼 이 장에서는 지면 관계 상 모든 십자가에 대하여 다 설명할 수는 없다 할지라도 필자가 유럽 여행과 인터넷 검색을 통해서 만나게 된 여러 종류의 십자가의 의미와 유럽의 십자가 문화에 대해서 이야기하고자 한다. 이를 통해 독자들이 해외여행 시에 유럽의 기독교 문화를 이해하는데 약간이라도 도움이 될 뿐만 아니라, 십자가를 건축문화나 장식에까지 응용하는 창의적 재생산에까지 이르렀으면 하는 바람이 있다.

## 그냥 말뚝인가, 아니면 십자가인가?

예수님께서 못 박히신 곳이 그냥 말뚝인가, 아니면 십자가인가? 이것이 논란이 되는 이유는 그리스어로 기록된 신약성경이 십자가를 'σταυρός(stauros)'로 기록하고 있는데, 이 단어의 의미는 '말뚝'이라고 한다. 그러니까 그리스어 원어에 충실하자면 예수님은 그냥 말뚝에서 돌아가신 것이 된다. 그리고 실제로 일각에서는 이런 주장을 하고 있기도 하다.[2] 그런데 성경이 라틴어로 번역될 때에 'σταυρός'가 'crux'로 번역되었다. 짐작할 수 있다시피 이 단어는 영어로 'cross'에 해당하는 단어이다. 이에 대하여 디트리히 헬문트(Dietrich Hellmund) 박사는 '말뚝이냐, 십자가냐? (부제: 여호와의 증인들이 제기한 질문에 답하여)'라는 글에서 여호와의 증인들의 주장에 다음과 같이 반박하고 있다.[3]

1) 기원후 79년에 베수비오 화산 폭발로 잿더미가 된 폼페이 부근의 에르콜라노(Ercolano)라는 도시의 한 기독교인의 집에서 벽에 그려진 십자가 모양이 발굴되었는데, 십자가 처형 사건과 가까운 시점이어서 그것이 역사적 사실을 증거하고 있다.[4]

2) http://www.jesus-jesus.de/jesus-kreuzigung-starb-jesus-am-kreuz-marterpfahl.html

3) http://www.bruderdienst.de/seite77.html

4) 필자는 2018년 7월 11일 직접 에르콜라노(Ercolano) 15번지 'casa del bicentenario (비첸테나리오의 집)'를 방문하여 십자가를 확인하려고 했으나, 그 집이 수리를

2) 예수님이 처형될 당시 처형 방식에 있어서 유대인의 방식은 돌로 쳐 죽이거나 칼로 목을 베는 방식이었다. 그러므로 '말뚝'을 사용한 처형 방식은 예수님께서 유대인의 법에 따라 처형된 것이 아니라고 본다. 십자가 처형이나 나무에 매어 처형하는 방식은 페르시아나 로마의 처형 방식이었다. 팔레스타인 지역을 점령한 로마군의 사령관인 본디오 빌라도는 당연히 로마의 법에 따라 처형한 것이다. 그러므로 처형 방식은 십자가 처형(crux)이 맞고, 그것을 아마도 그리스어에는 적절한 단어가 없어서 'σταυρός(stauros)'라는 단어로 묘사했다는 것이다.

## 기독교에서 십자가 이미지 사용의 역사

십자가는 아주 오래전부터 모든 문화권에서 사용되어온 이미지라고 한다. 수평선은 지상적, 세속적, 여성적, 시간적, 파괴적, 부정적, 수동적, 죽음을 의미하며, 수직선은 그에 반하여 천국적, 종교적, 남성적, 영원성, 창조적, 긍정적, 능동적, 생명을 의미한다고 한다.[5]

십자가가 아주 중죄인들에게 내려진 사형 방식이었기 때문에 예수님께서 십자가에서 돌아가신 이후에 기독교 초기에는 모욕적인 죽음으로 받아들여져서 기독교 상징으로는 거의 사용되지 않았다고 한다. 그래서 기독교인들은 물고기 모형을 자신들의 정체성을 나타내는 데

---

하고 있는 중이어서 들어갈 수가 없었다. 직접 사진을 확인하고자 하는 독자는 각주 2)를 참고하라.

5) http://www.mb-soft.com/believe/tgnm/cross.htm

사용하였다. 이 이미지는 오늘날에도 우리가 흔히 볼 수 있는 것이다. 익히 아는 바와 같이 그 의미는 다음과 같다.

- Ἰησοῦς(Iēsous): 예수(Jesus)
- Χριστός(Christos): 그리스도(anointed)
- Θεοῦ(Theou): 하나님의(God's)
- Υἱός((h)yios): 아들(Son)
- Σωτήρ(sōtēr): 구세주(Savior)

이 단어들의 첫 글자를 모으면 'ΙΧΘΥΣ'가 된다. 그런데 'ΙΧΘΥΣ'는 그리스어에서 '물고기'라는 뜻이다.

십자가는 언제부터 사용되기 시작했을까? 이에 대해서는 지금까지는 134년 팔미라 비문의 십자가를 십자가에 대한 최초의 기록으로 본다.[6] 하지만 앞에서 언급한 AD. 79년 베수비오 화산 폭발로 잿더미가 된 폼페이 부근의 헤르쿨라네움(Herkulaneum)의 15번지에 있는 '비첸테나리오의 집'에 그려진 십자가를 인정한다면 AD. 79년 이전부터 이미 십자가가 기독교인들의 상징으로 등장했다는 얘기이다. 그 후 교부신학자 터툴리안(Tertullian, 160~220)은 『왕관 De Corona(204)』에서 십자가를 수시로 이마에 그릴 것을 권장했다고 한다.[7]

---

6) http://www.kunstdirekt.net/Symbole/symbolkreuz.htm

7) 가톨릭에서는 이것을 요한계시록 7:3; 9:4; 14:1에서 근거를 찾고 있으나 요한계시록에서 말하는 구원받은 백성으로서 '이마에 인침'이 '성호 긋기'를 의미하

"우리가 여행 중에, 행동할 때에, 오고 갈 때에, 신발을 신을 때에, 목욕할 때에, 식탁 가에서, 양초에 불을 붙일 때에, 누울 때에, 무슨 일을 하든지 우리의 이마에 십자가 성호를 그리자."[8)]

그런데 가톨릭 신자들이 성호를 그을 때에 이마가 아니라 가슴까지 내려오고, 어깨에서 어깨까지 크게 그리게 된 것은 11세기쯤이라고 한다.[9)] 그런데 성호를 그을 때에 손가락을 엄지, 집게, 엄지와 집게, 엄지와 집게 및 중지까지 사용하는 것은 종파에 따라, 그리고 개인에 따라 다소 차이가 있다고 한다.

4세기 이래로 '그리스도 첫 글자 표기(Chi-Rho monogram)'가 도입되었다.[10)] 'Chi-Rho'란 'ΧΡΙΣΤΟΣ(Christos)'라는 그리스어 단어에서 첫 글자 두 개, 즉 X(Chi), P(Rho)를 말한다. 우리나라에서도 흔히 볼 수 있는 이미지이다.

한편 325/6년 콘스탄틴 대제의 어머니 헬레나(Helena)가 예루살렘 성지순례 기간 동안 십자가를 발견했다는 전설이 있다. 로마 가톨릭에서

---

는 것은 아니다. 그런 이유에서 "오직 말씀으로(Sola Scriptura)"라는 종교개혁의 원칙에 따라 개신교회에서는 성호 긋기를 중단하였다.

8) https://www.gotquestions.org/Deutsch/kreuzzeichen.html에서 재인용.

9) 위 사이트 참고.

10) 히로 모노그램이 도입된 시기는 일반적으로 콘스탄틴 대제 때로 본다. 그러나 2세기로 보는 견해도 있다. 이에 대해서는 https://de.wikipedia.org/wiki/Christusmonogramm를 참고하라.

는 이 날을 기념하여 9월 14일을 '십자가의 날(Feast of the Cross)'로 기념하고 있다. 431년 에베소 종교회의에서 공식적으로 십자가를 기독교 상징으로 채택했다.

## 라틴 십자가, 그리스 십자가, 그리고 안드레 십자가

베드로 성당 옥상 전면

우리는 가로의 길이보다 세로의 길이가 긴 십자가에 익숙해 있다. 그런 십자가를 라틴 십자가(†)라 한다. 반면 가로와 세로의 길이가 같은 십자가가 있다. 이것을 그리스 십자가(✚)라 한다. 주로 비잔틴 문화권에서 사용한다. 안드레 십자가는 로마자 'X'와 같다. 이것은 사도 안드레가 못 박혀 죽은 십자가로 전해지고 있다. 로마 베드로 성당의 지붕 난간에 설치된 12 제자 조각상에서도 안드레 십자가를 보고 누가 안드레인지를 쉽게 찾을 수 있다. 예수님의 12 제자 중 한 사람인 안드레는 십자가에 못 박혀 돌아가시기 전에 십자가를 다음과 같이 받아들였다고 한다.

> "주님의 육신을 통하여, 그리고 주님의 사지로 마치 진주로 장식된 듯한 그대 십자가를 환영하노라. 주님께서 그대에게 매달리기 전에 그대는 아주 끔찍한 것이었는데, 그러나 이제 그대는 아주 하나님의 사랑이어서 나는 환영하노라. 그 때문에 나는 확실하게, 그리고 즐겁게 그대에게로 다가가노라. 왜냐하면 나는 그대에게 매달린 분의 제자이기 때문이라네."[11]

## 십자가(cross)와 십자가 상(crucifix)

십자가는 예수님의 형상이 십자가에 부착되어 있느냐, 부착되어 있지 않느냐에 따라 둘로 나뉜다. 십자가에 예수님의 형상이 부착되어 있지 않으면 그것을 'cross(십자가)'라 하고, 예수님의 형상이 십자가에 부착되어 있다면 'crucifix(십자가 상)'이라 한다. 우리나라에서는 가톨릭 교회에서는 십자가 상을 볼 수 있지만 개신교회에서 흔히 볼 수 있는 것은 십자가이다. 십자가로서 가장 큰 것은 스페인에 있다. 리스코 데 라 나바(Risco de la Nava) 산 정상에 세워져 있는 발레 데 로스 카이도스(Valle de los Caídos)이다. 콘크리트로 만들어졌는데 높이가 155미터, 폭이 44미터가 된다. '십자가 상'으로 세계에서 가장 큰 것은 독일 뤼벡 성당에 있다. 뤼벡 성당의 십자가 상은 1477년에 세워졌으며, 높이가 17

11) http://brautdeslammes.blogspot.kr/2011/11/das-x-markiert-den-punkt-hl-apostel.html에서 번역하여 재인용함.

미터에 달한다. 그런데 십자가나 십자가 상은 그래도 우리에게 낯설지 않다. 우리나라의 기독교 문화에서 접하기 힘든 것이 있다. 그것은 놋뱀이 달린 십자가이다. 민수기 21장의 말씀에 따른 것이다.

> "여호와께서 모세에게 이르시되 불뱀을 만들어 장대 위에 매달아라. 물린 자마다 그것을 보면 살리라. 모세가 놋뱀을 만들어 장대 위에 다니 뱀에게 물린 자가 놋뱀을 쳐다본즉 모두 살더라."(민수기 21: 8-9)

성경말씀을 상시로 묵상하는 자에게는 놋뱀이 달린 십자가 형상을 보면 '아, 저것이 성경에서 말하는 놋뱀이구나'라고 생각하겠지만 그렇지 않은 자들에게는 당혹스럽다. 필자도 그러했다. 십자가 사진을 찍으러 다니다 독일 레겐스부르크의 상트 요제프(St. Josef) 교회를 처음 방문했을 때 예수님이 달려있어야 할 십자가에 뱀이 달려 있는 걸 보

상트 요제프 교회 놋뱀

고 섬뜩했다. 그 당시 필자에게 뱀은 '놋뱀'의 뱀보다는 '에덴동산의 선악과 사건'의 뱀이 깊이 각인되어 있었기 때문이다.

그런데 레겐스부르크의 상트 에머람 교회(St. Emmeram)에 갔을 때에 또 다른 십자가 형태가 필자의 머리를 멍하게 만들었다. 상트 요제프 교회와 마찬가지로 뱀이 매달려 있는 십자가 형상이 있었는데, 거기에서는 라틴 십자가가 아니라 'T-자'의 막대였기 때문이다. 그것도 독일에서는 '십자가(Kreuz)'라 한다. 그리스어에서 T는 '타우'라고 읽기 때문에 '타우 십자가'라 부른다.

상트 엠머람 교회 놋뱀

## INRI와 INBI

마태복음 27장 37절에는 “그 머리 위에 이는 유대인의 왕 예수라 쓴 죄패를 붙였더라”는 구절이 있다. 이 말씀을 참고하여 만든 십자가가 있다. 이 십자가를 ‘총 대주교 십자가(patriarchal cross)’라 한다. 다양한 장식 모양이 있으나 일반적으로 ‘☨’ 모형이다. 라틴 십자가에 위에 작은 죄패가 달려 있는 모습이다. 그런데 이 죄패는 히브리어와 헬라어와 라틴어로 적혀있었다는 설이 있다. ‘나사렛 예수, 유대인의 왕’을 라틴어로 쓰면 ‘Iēsus Nazarēnus, Rēx Iūdaeōrum’가 된다. 그 첫 글자만 적으면 ‘INRI’가 된다. 그런데 헬라어로는 ‘Ἰησοῦς ὁ Ναζωραῖος ὁ Βασιλεὺς τῶν Ἰουδαίων’가 된다. 그리고 그 첫 글자 약자는 ‘INBI’가 된다. 유럽의 서방 교회에서는 가톨릭교회나 개신교의 총 대주교 십자가에서는 라틴어에 따라 ‘INRI’로 적혀있고, 그리스 정교나 러시아 정교에서는 ‘INBI’로 적혀있다. 요약하여 말하자면 ‘☨’도 마찬가지로 십자가이며, 위에 있는 작은 가로막대는 죄패를 뜻한다.

총 대주교 십자가의 변형이 로렌 십자가(Cross of Lorraine)이다. 이 십자가는 두 가로막대가 같은 크기로, 세로 막대에서 균등하게 가운데에 위치한다.

그런데 러시아 정교회의 십자가에는 ‘총 대주교 십자가’에 막대가 하나 더 있다. 아래의 사진과 같은 십자가이다. 라틴 십자가에 위쪽에

베를린 러시아 묘지

는 죄패가 있고, 아래에는 다시 비스듬한 가로 막대가 하나 더 있다. 설명에 의하면 하단의 가로막대는 십자가에 설치된 발판이다. 이 하단의 비스듬한 가로막대에 대해서 여러 가지 설명이 있지만 그 중의 한 설명에 따르면 누가복음 23장 40절-44절 말씀에 나오는 한 강도의 구원을 염두에 두고 있다고 한다. 성경말씀에는 우편 행악자와 좌편 행악자 중 어느 행악자가 구원을 받았는지 명시되어 있지 않지만 일반적으로 성경에서는 선악을 구별할 때에 선한 것을 우편에 두는 원리에 따라 유럽의 문화에서는 우편의 행악자가 구원을 받았다는 것이 보편화되어 있다. 따라서 예수님의 오른편에 있는 행악자가 하늘로 올라갔다는 의미를 담고 있다고 한다.[12] 성경에는 명시되지 않았더라도 이러한 문화의 보편적 이해를 무시해서는 안 된다. 언젠가 필자는 한국에서 만들어진 어린이들의 만화영화를 본 적이 있다. 거기에는 이러한 보편

---

12) 문준일(2012): "러시아 정교 십자가의 비밀", Russia-CIS Focus. 제 162호, 2012.5.12. 참고.

적 이해와 배치되게 좌편 행악자가 구원을 받는 것으로 그려져 있었다. 그리고 한글 프로그램 유니코드 문자표에는 유감스럽게도 '☦'만이 있다. 그래서 필자는 사실을 확인할 수 있을까 하여 2018년 7월 23일 베를린에 있는 러시아 정교회 묘지를 찾아갔다. 위 사진에서와 같이 대부분의 묘지에서는 발판의 오른쪽이 올라간 정교회 십자가를 사용하였지만, 발판의 왼쪽이 올라간 정교회 십자가가 정문에 사용되고 있었다.

## 그 밖의 십자가

라틴 십자가, 그리스 십자가, 안드레 십자가, 타우 십자가, 총 대주교 십자가, 로렌 십자가, 정교회 십자가 이외에도 많은 그 밖의 십자가들이 있다. 그 중에 몇 가지만 설명해 보겠다.

### 1) 예루살렘 십자가(Jerusalem cross)

그리스 십자가 다섯 개로 만들어진 예루살렘 십자가는 그리스도와 4복음서를 상징하거나, 그리스도의 다섯 군데의 상처를 상징한다. 이 십자가는 1096년 십자군 원정 때에 십자군 기사였던 가드프리 더 부얀(Godfrey de Bouillon)이 입은 갑옷에 새겨져 있었다. 뿐만 아니라 예루살렘을 정복한 후 세운 예루살렘 왕국의 문장이 되었다. 그래서 그것을 '예루살렘 십자가'라 한다. 예루살렘 십자가는 '독일 개신교회의 교회의 날(Deutscher Evangelischer Kirchentag)' 행사의 로고이다.

### 2) 몰타 십자가(Maltese-cross)

몰타 십자가는 가톨릭의 구호단체인 몰타 기사단이 사용하므로 '몰타 십자가'라 한다. 개신교의 요하니트 기사단에서도 같은 문양의 십자가를 사용한다. 그래서 몰타 십자가는 '요하니트 십자가'라고도 한다. 밖으로 나 있는 8개의 뾰족한 것은 산상수훈의 8복을 상징하고 안으로 향한 4개의 뾰족한 것은 4가지 기본 덕망, 즉 지혜, 의, 용기, 절제를 상징한다고 한다.

### 3) 켈트 십자가(celtic cross)

십자가의 한 형태로서 라틴 십자가의 매듭이 있는 곳에 둥근 원이 있는 십자가가 있다. 이것을 켈트 십자가라 한다. 이것은 영국의 섬과 아일랜드 등 켈트 문화권에서 주로 묘지에서 이런 십자가가 사용된다.

### 4) 스와스티커(swastika)

만(卍)자도 서양문화에서는 십자가의 변형으로 본다. 불교문화에서 사용하지만, 독일 나치 시대의 깃발 로고이다. 독일에서는 이것을 특히 갈고리 십자가(Hakenkreuz)라 하지만, 일반적으로 '스와스티커'라 한다. 불교의 만자와 나치의 갈고리 십자가는 갈고리의 방향이 서로 반대이다. 이 문양은 고대어로 '복을 가져다 준다'는 의미를 가지고 있다. 인류 역사상 가장 비인간적이고 참혹한 시대가 '복을 가져다 준다'는 이미지를 사용하였다니 참 아이러니하다.

5) IHS

AD. 312년 10월 28일, 콘스탄틴 대제가 로마의 밀비오 다리 위에서 정적(政敵)인 막센티우스와 대항해 싸우기 이전에 꿈에서, 혹은 다른 일설에는 환상 속에서 "In hoc signo vinces(ἐν τούτῳ νίκα 이 기호로 승리하리라)."와 아울러 어떤 환상을 봤다고 한다. 그 환상은 십자가이다. 여기서 첫 글자 IHS는 예수님 숭배 사상과 더불어 중요한 역할을 한다. 이것은 'Iesus hominum salvator(예수, 인류의 구원자)'의 의미를 가진다. 즉 IHS는 중의적 의미이다. 이것은 후대의 화가들이 그 장면을 그림으로 그리기도 했다. 콘스탄틴은 이 싸움에서 이겼으며, 막센티우스는 강에 빠져 익사하였다.

## 십자가의 사용

1) 교회 내

이미 언급한 바와 같이 십자가는 교회 내에서 성단(choir, 혹은 지성소)에, 그리고 측랑과 지하의 기도실에 걸려 있다.

2) 교회 건물

중세의 교회 건물은 십자가 형태로 지어졌다. 일반적으로 교회의 성단 부분이 동으로 향한 것을 감안한다면 동서로 길게, 남북으로 짧게 하여 십자가 형태를 띠었다.

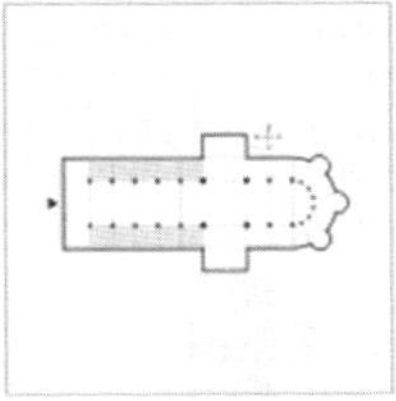

3) 국기

덴마크, 스칸디나비아 반도의 국가들, 영국, 스위스, 그 이외에도 많은 나라의 국기 속에 십자가가 들어가 있다. 국기에 사용된 십자가는 그리스 십자가, 라틴 십자가, 그리고 안드레 십자가이다. 가령 영국 국기 유니언잭은 잉글랜드, 스코틀랜드, 아일랜드의 국기가 합쳐진 것이다.

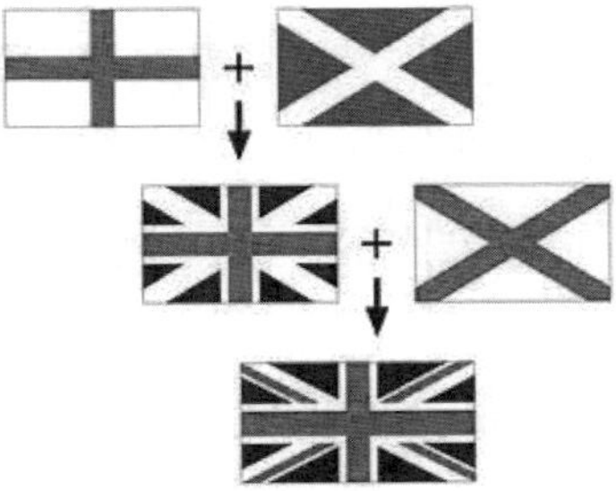

4) 의료기관

세계 적십자사(Red Cross, 1864)를 비롯한 의료기관에서는 그리스 십자가를 사용하고 있다. 우리는 이것을 기독교와 연관이 없는 것으로 생각할 수도 있다. 그러나 다른 종교에서 십자가를 보는 시각은 그렇지 않은 모양이다. 그들은 적십자사의 문양을 다르게 사용하고 있다. 회교권 나라에서는 '붉은 초승달(Red Crescent, 1876)'을 사용하고 있고, 이스라엘에서는 '붉은 다윗별(Red Star of David, 1949)'을 사용한다. 회교권

나라인 이란에서는 독자적으로 '붉은 사자와 태양(Red Rion and Sun, 1980)'을 사용한다. 그리고 유엔에서는 더 이상 다른 로고를 사용할 수 없도록 하자는 의미에서 '붉은 크리스탈(Red Crystal, 2006)'을 권유한다.

5) 구호기관

가령 독일에서는 몇몇 구호단체가 그리스 십자가를 사용한다. 예를 들면 전사자 구호와 관련하여서는 흑십자가, 결혼과 성적인 문제의 구호기관에서는 백십자가, 건강 관련 구호기관에서는 녹십자가, 알콜이나 약물중독과 관련하여서는 청십자가가 있다.

6) 훈장

기독교 국가의 각종 훈장은 십자가를 사용한다.

7) 경로 우대석

독일의 경로 우대석에서는 노약자를 보호하자는 의미에서 좌석 곁에 십자가가 그려져 있다.

8) 사망 표시

유럽 문화에서 사망 일자 앞에는 라틴 십자가를 사용한다.

9) 산의 정상

유럽의 산의 정상에는 십자가가 세워져 있다.

10) 시위도구

시위를 할 때에 십자가가 동원된다. 이는 죽음과 관련이 있다. 가령 십자가 위에 '교육'이 적혀 있으면 '교육이 죽었다'라는 의미이고, 십자가 위에 '자연'이 적혀 있으면 '자연이 죽었다'라는 의미이다. 우리나라에서도 십자가가 시위에 등장한 적이 있다. 하지만 약간 다른 의미로 시위에 십자가가 동원된 적이 있었다. 사립학교법 투쟁을 하면서 목사님들이 도르래가 달린 십자가를 끌고 나와서 세상의 조롱거리가 된 적이 있다.

11) 건축 양식

유럽의 건물 유리창들은 십자가 표시를 한다. 라틴 십자가, 로렌 십자가, 타우 십자가, 그리고 안드레 십자가가 사용된다. 이것은 사탄으로부터 건물 안에 있는 사람을 보호하려는 의미를 가진다.

12) 빵 장식

성금요일에 영국에서는 'hot cross buns'라 하여 빵에 십자가 장식을 한다. 추수 감사주일의 빵 위에도 십자가를 긋는다.

## 루터의 장미(Lutherose)와 검은 십자가

루터는 편지를 보내면서, 장미가 그려지고 그 가운데에 검은 십자가가 있는 인장을 마치 서명처럼 사용했다고 한다. 1530년 7월 18일 뉘른베르크의 라차루스 슈펭글러(Lazarus Spengler)에게 보내는 편지에서 그 인장의 의미를 다음과 같이 설명하고 있다.[13)]

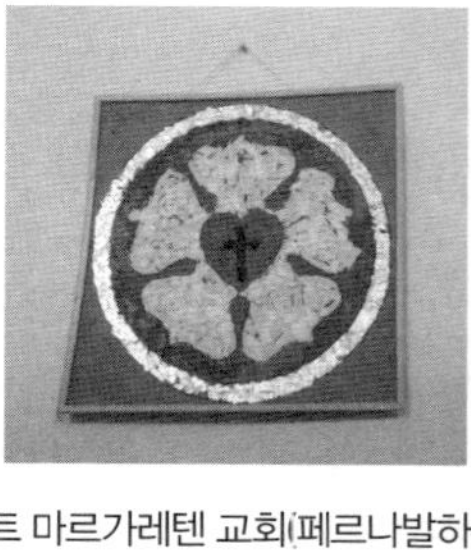

상트 마르가레텐 교회(페르나발하우젠)

베를리너 돔(베를린)

13) https://www.ekd.de/reformationstag/wissenswertes/lutherrose.html

이것이 내 신학의 특징이다. 그 첫째는 자연스런 색을 띠고 있는 심장 안에 있는 검은 십자가이다. 이는 십자가에 못 박혀 돌아가신 이에 대한 믿음이 나를 복되게 한다는 것을 나 자신에게 상기시켜 주고자 함이다. 왜냐하면 우리가 진심으로 믿는다면 의롭게 되기 때문이다. 그러나 그러한 심장이 흰 장미 한가운데 있는 것은, 그 믿음이 기쁨, 위로, 평화를 준다는 것을 나타낸다. 그 때문에 장미는 흰색이어야 하며, 붉으면 안 된다. 왜냐하면 흰색은 영의 색, 천사의 색이기 때문이다. 그런 장미가 하늘색 바탕 안에 있다. 영적이며 믿음 안의 그런 기쁨은 장차 있을 천국 기쁨의 시작이다. 그리고 그러한 하늘색 바탕의 둘레에 있는 황금색의 반지는 그런 복이 천국에서 영원히 지속되며, 끝이 없으며, 황금이 최고로 값지고 고상한 광석이듯이 모든 기쁨과 재산을 능가하며 값지다는 것을 말한다.

'루터의 장미(Lutherrose)'는 검은 십자가를 품고 있는 것이 특징이다. 루터의 고백처럼 그리스도께서 우리를 위해 십자가에 달려 돌아가신 이를 상기하고자 함이다. 그것에 대한 믿음이 결국 우리를 살게 하며, 의롭게 한다. 또한 이 세상의 그 어떤 것에도 비길 수 없는 기쁨과 평안을 영원히 준다.

루터는 문서나 편지가 자신이 직접 썼다는 것을 알리기 위해서 이 인장을 사용했다고 한다. 그리고 나중에는 'VIVIT(그가 살아 있다)'를 추가하였다고 한다. 루터의 장미는 복음의 핵심을 담고 있다. 그런데 우리는 '루터의 장미'에서 주목해야 할 것이 있다. 종교개혁가 루터 자신은 십자가 이미지를 사용했다는 것이다. 오늘날 독일에서는 '루터의 장미'는 여러 곳에 응용되어 독일문화 속에 나타나고 있다. 꽃 시계, 분수, 벽돌 문양, 열쇠고리 등에서 '루터의 장미'가 유용한 모티브로 사용되고 있다.

## 걸고 싶어도 걸지 못하는 십자가

모든 교실에 십자가를 걸어놓은 이탈리아의 한 학교에 자녀를 보낸 한 여인이 소송을 냈다. 2006년 이탈리아 대법원은 십자가가 이탈리아의 가치를 위한 상징이 되었다며 그 어머니의 소송을 기각하였다. 2009년 프랑스의 슈트라스부르에 있는 'EU인권 법원'의 판결은 그것이 자녀교육에 대한 부모의 권리를 침해하며, 어린아이의 종교의 자유를 침해한다고 판결하였다. 교실에 특정 신앙의 상징물을 필수적으로 걸어두는 것이 자녀를 그들의 확신에 따라 교육시키려는 부모의 권리를 제한하며, 신앙과 관련한 자녀들의 권리를 침해한다는 것이다. 이에 대해 슈트라스부르의 법정은 십자가는 분명히 종교적 상징이라고 판결한 것이다.[14)]

독일에서도 이와 유사한 일이 이미 있었다. 1995년 교실에 십자가를 설치하는 것이 어린이들의 종교의 자유를 침해한다고 판결한 바 있다. 그래서 교실에 십자가 설치를 의무화한 바이에른 주 법이 무효화되고 바이에른 주 의회도 교실에서 십자가를 떼도록 의결하였다.

브리티시 에어웨이의 직원이 십자가 목걸이를 걸고 근무하자 회사에서 금지시켰다. 그가 소송을 제기하자 유럽 인권 법원은 회사에

14) https://www.welt.de/politik/ausland/article5070787/Kruzifix-im-Klassenraum-verletzt-Menschenrechte.html (2009.11.03.)

2000유로의 손해배상을 판결했다.[15)]

간호사가 십자가 목걸이를 걸고 환자를 돌봤다. 병원에서는 다른 부서로 전보 발령을 냈다. 소송을 내자 유럽 인권 법원에서는 종교의 자유는 존중되어야 하지만 십자가가 환자를 다치게 할 수 있으므로 십자가 목걸이를 걸고 환자를 돌볼 수 없다고 판결하였다.[16)]

이런 법원의 판결과 별개로 바이에른 주는 2018년 6월부터 바이에른 주의 모든 관공서에 십자가를 달도록 했다. "모든 업무를 보는 건물의 입구에 바이에른 주의 역사적 문화적 특징의 표현으로서 분명히 알아볼 수 있게 바이에른과 독일의 법질서와 사회질서의 기본가치에 대한 분명한 고백으로 십자가가 부착된다."고 했다. "십자가가 서양의 기독교적 특징의 문화 정체성의 근본적 상징"이라는 것이다.[17)]도대체 왜 바이에른 주는 이런 조치를 취했겠는가? 바이에른 주가 십자가를 하나의 '문화 코드'로 타락시켰다고 생각하는가?

## 다시 던지는 질문: 예배당에서 십자가를 내려도 되는가?

지금까지 필자는 서로 다른 문양의 십자가의 의미를 설명하면서 먼저 안드레 십자가와 관련한 설명에서 예수님의 제자로서 안드레가 십

15) http://www.spiegel.de/panorama/justiz/egmr-urteil-zur-religionsfreiheit-in-grossbritannien-a-877463.html (2013.01.15.)

16) 위 신문.

17) https://www.welt.de/debatte/kommentare/article175787314/Christentum-Behoerden-Das-Kreuz-kein-Zeichen-einer-Religion-Was-denn-sonst.html

자가를 대하는 마음을 이야기했으며, 둘째는 적십자 로고에서 다른 종교를 가진 국가에서는 그것이 그냥 어떤 단체의 임의의 로고가 아니라 기독교라는 종교와 관련시켜 십자가를 생각하고 있다는 사실을 말했다. 셋째는 십자가 문양의 사용과 관련하여 사실은 교회 건물과 유리창 등에서 십자가를 사용함으로써 그것이 사탄으로부터 우리를 보호해주는 의미를 가지고 있다는 것을 말했다. 넷째는 루터의 인장인 '루터의 장미'에서 루터가 검은 십자가에서 자신의 기독교 신학을 세우고 있다는 고백을 언급하였다. 다시 말하자면 루터 자신은 '십자가'라는 표식을 포기하지 않았다는 것이다. 다섯째는 유럽의 교실에 걸어놓은 십자가와 관련하여 유럽 인권 법원의 판결은 십자가는 분명히 종교적 상징, 다시 말하면 기독교적 상징으로 판결하였음을 언급하였다. 마지막으로 바이에른 주는 모든 행정관서에 십자가를 달도록 의무화했다는 것이다.

특정인과 관련하여 이야기하고자 하는 것은 아니다. 어쩌면 한국 교회에서 십자가를 너무 소홀히 대우하고 있지는 않은지 질문하고 싶다. 중세에 만연했던 교회에 도입된 각종 이미지들, 어쩌면 우리 신앙의 근본을 흔들리게까지 한 이미지의 혼란을 핑계 삼아 우리가 소중히 다루어야 할 십자가조차도 버리려고 하고 있지는 않은가? 교회의 건물 위에 높이 세워둔 십자가가 예수님께서 우리를 구원하시기 위하여 돌아가셨다는 것을 세상에 알리는 우리 믿음의 초석, 복음의 메시지가 아니라, 교회 건물을 찾아오도록 하는 광고 전단지, 혹은 도로 표지판 정도로 생각하고 있는 것은 아닌가? 교회에서마저 십자가를 거둔다면 우리가 그 십자가를 어디에 내 걸 생각인가? 기술 문명의 발달과 더불어 새로운 교회문화, 혹은 새로운 교회 시설 환경 속에서 십자가와 관련한 고민은 부차적인 것이 아니라 가장 우선적인 것이 되어야 하는 것은 아닐까? 어쩌면 십자가가 걸려있어야 할 자리에 성경말씀의 강론자인 목사님의 설교를 효과적으로 전달하기 위하여 스크린이 차지해야 한다면, 그것은 스크린에 대한 우상숭배이든, 목사님에 대한 우상숭배이든 또 다른 우상숭배는 아닌가?

십자가의 바른 사용도 유럽의 기독교 문화와 관련하여 유의할 필요가 있다. 가령 예를 들면 성탄절 트리를 장식하면서 성탄절 트리 맨 꼭대기에 별을 올려놓는 대신에 기독교를 알리려는 충실함에서 십자가를 올려놓는 무지함은 지양되어야 한다. 성탄절 트리는 예수님의 탄생에 포커스를 맞추어야 한다.

십자가, 우리가 사용하지 않으면 남의 것이 된다. 톰 크루즈가 믿는 사이언톨로지(Scientology)는 우편의 사진과 같이 버젓이 변형된 십자가의 형태를 달고 있다. 십자가를 별 모양으로 변형시킨 것이다.

필자가 독일의 여류작가 게르트루트 폰 레 포르트(1876~1971)의 말을 바르게 이해했는지 모르겠으나 그녀는 공의만을 논하는 곳은 지옥이 될 것이며, 천국에는 은혜가 넘치는 곳이지만, 이 세상에서 필요한 것은 예수님께서 우리 죄를 위하여 십자가를 대신 지신 것처럼 우리가 서로를 위하여 십자가를 지는 일이라 하지 않았는가? 교회 내에서도 무엇이 옳고 그른가를 논하는 지옥 같은 교회를 만들 것이 아니라, 예수님께서 본을 보여주셨듯이 서로 십자가를 지는 자세가 필요하다. 그것을 상기하기 위해서라도 십자가는 결코 우상이 아니라 꼭 필요한 것인지도 모른다.

# '동방박사'에 얽힌 이야기

동방박사들은
그들이 이른 모든 마을에서
'베들레헴으로 가는 길이 어디입니까?'
하고 물었다.

- 하인리히 하이네(1797~1856) -

## 왜 관심을 갖게 되었나?

수십 년 전에 필자는 여행객으로 헝가리 부다페스트에서 언덕 위의 한 교회를 방문한 적이 있다. 필자의 기억으로는 '마태 교회'이다. 거기서 도대체 무엇을 구경해야 할지를 몰라서 관광객 중 한 분에게 "도대체 여기에서는 무엇이 유명합니까?"라고 물은 적이 있다. 그때 그 분은 "세 거룩한 왕"이라고 했다. '세 거룩한 왕?' 도대체 성경에 그런 인물들이 나오나? 성경을 열심히 읽는 사람은 아니었기에, 필자가 알고 있는 성경 속 인물 중에 '도대체 세 거룩한 왕이 누구이지? 혹시 열왕기 속의 인물인가?' 하며 고개를 갸우뚱거린 적이 있다. 아무튼 그때부터 '세 거룩한 왕'을 알아내기 위해 애썼다. 그리고 지금까지의 그 관심의 결과물이 여기서 풀어나가고자 하는 이야기이다.

독일을 비롯한 유럽에서 '세 거룩한 왕'은 마태복음에 나오는 동방박사를 일컫는다. '동방박사'가 어떻게 세 명으로 그 수가 한정되게 되었는지, 그리고 어떻게 '왕'으로 일컬어지게 되었는지, 이러한 과정에는 중세의 성직 교황과 세속 황제 간의 갈등이 기여하게 되었음도 이야기하고자 한다. 그리고 나아가서 동방박사가 독일문화에서 어떤 모습으로 나타나고 있는지를 이야기해 보겠다.

## 쾰른 성당, 그리고 마태복음

쾰른 성당은 지금도 독일을 여행하는 관광객들에게 인기가 많다. 하루에 2~3만 명씩, 연간 7~8백만 명의 관광객이 쾰른 성당을 방문한다. 건축 기간이 1248.08.15. ~ 1880.10.15.으로서 약 632년간에 걸쳐 지어졌다. 쾰른 성당은 그 높이가 157.39 미터로 독일에서 울름(Ulm) 성당 다음으로 높다. 쾰른 성당은 독일의 유물로서는 18번째로 1996년에 유네스코 세계문화유산으로 등록되었다. 게다가 '베드로 종(Petersglocke)'은 울림이 크고 아름다워 시민들의 사랑을 받고 있다. 이러한 사실만으로도 관광객들의 사랑을 받을 만하다. 하지만 쾰른 성당에 이처럼 많은 관광객이 오는 진짜 이유는 그 안에 안치되어 있는 '동방박사 유골함' 때문이다.

이 유골함을 담고 있는 상자는 1190~1225 사이에 금세공사인 니콜라우스 폰 베어뎅(Nikolaus von Verdun)이 만들었다. 그런데 그 상자의 한쪽 면을 보면 새겨진 동방박사의 모습이 아래 사진과 같다.

니콜라우스 베어뒹의 동방박사 유골함 상자

마리아가 아기 예수를 안고 있고, 경배하는 모습으로 선물을 들고 있는 모습을 보니 아마도 황금과 유향과 몰약이다. 그렇다면 그들은 바로 동방박사의 모습이다. 그런데 이 동방박사들은 그들의 머리에 왕관을 쓰고 있다. 마태복음 2장 1절에서 11절까지 성경 말씀을 한 번 보자.

"1 헤롯 왕 때에 예수께서 유대 베들레헴에서 나시매 동방으로부터 박사
들이 예루살렘에 이르러 말하되 2 유대인의 왕으로 나신 이가 어디 계시
냐 우리가 동방에서 그의 별을 보고 그에게 경배하러 왔노라 하니 [......] 9
박사들이 왕의 말을 듣고 갈 새 동방에서 보던 그 별이 문득 앞서 인도하
여 가다가 아기 있는 곳 위에 머물러 서 있는지라 10 그들이 별을 보고 매
우 크게 기뻐하고 기뻐하더라. 11 집에 들어가 아기와 그의 어머니 마리아
가 함께 있는 것을 보고 엎드려 아기께 경배하고 보배합을 열어 황금과 유
향과 몰약을 예물로 드리니라."(마 2:1~11)

마태복음에서 언급하고 있는 사실은 다음과 같다.

1) 아기 예수를 찾아 나선 이들은 '동방에서부터' 왔으며,

2) 그들의 신분은 한국어 번역으로 '박사'들이며,

3) 그들을 아기 예수께 인도한 것은 '별'이며,

4) 그들이 온 목적은 '아기 예수께 경배하러' 온 것이다.

5) 그들은 엎드렸다.

6) 그들은 '황금과 유향과 몰약'을 예물로 드렸다.

## 동방박사는 몇 명일까?

우리가 앞에서 살펴본 마태복음에는 아기 예수께 경배하러 온 동방박사의 수가 몇 명이라고 되어 있지는 않다. 로마에 있는 성 마르첼리노와 베드로 교회(Santi Marcellino e Piertro)의 4세기 프레스코 벽화에서는 두 명만 나온다고 한다. 300년경 도미틸라(Domililla) 카타콤에서는 좌우에 각 두 명씩 네 명이 나온다고 한다. 4세기의 그림에서는 심지어 열두 명이 나오는 곳도 있다고 한다.[18]

그런데 오늘날 유럽 기독교 문화에서 일반적으로 인식하고 있듯이 동방박사를 세 명으로 한정한 것은 오리기네스(Origines, 185~254)라고 한다.[19] 그는 바로 선물의 숫자에서 동방박사의 수를 세 명으로 한정

18) http://www.zeit.de/1963/51/woher-kamen-die-heiligen-drei-koenige/seite-3

19) http://www.feiern-online.de/feiern-online/inhalt-feiertage/drei-koenige.htm; 교황 Leo 1세(재임 440~461)도 같은 견해였다고 한다. 이에 대해서는 Angelika

한 것이다. 이탈리아 라벤나 지역에 있는 성 아폴리나레 누오보 교회 (Sant'Apollinare Nuovo)의 6세기경에 그려진 것으로 추정되는 모자이크에서는 동방박사가 특이한 모습이다. 좌편은 마리아와 아기 예수가 포함되어 있는 모자이크이고, 오른쪽은 동방박사를 특히 클로즈업하였다. 동박박사는 세 사람이다. 그런데 얼굴을 살펴보면 모양이 구분된다. 검은 수염의 동방박사, 수염이 없는 동방박사, 흰 수염의 동방박사가 그려져 있다. (56쪽 사진 참고)

## '동방박사', 그들은 누구인가?

그런데 마태복음 2장과는 달리 쾰른 성당 유골함 상자의 동방박사들은 어떻게 박사들이 왕관을 쓰고 있는가? 유럽 기독교 문화에서는 왜 동방박사들이 왕으로 변신했는가? 그렇다면 그들은 누구인가? 영어 성경 번역은 대체로 다음과 같다.

AMP: wise men[astrologers] from the east came to Jerusalem

ASV: Wise-men from the east came to Jerusalem

CEB: magi came from the east to Jerusalem

CEVDCUS06: some wise men from the east came to Jerusalem

CJB: Magi from the east came to Yerushalayim

CPDV: Magi from the east arrived in Jerusalem

---

Feilhauer(2000): Feste feiern in Deutschland, Zürich : Sanssouci. 21쪽 참고.

DARBY: magi from the east arrived at Jerusalem

ESV: wise men from the east came to Jerusalem

GNBDC: some men who studied the stars came from the east to Jerusalem

GNT: some men who studied the stars came from the East to Jerusalem

HCSB: wise men from the east arrived unexpectedly in Jerusalem

KJV: wise men from the east to Jerusalem

MEV: wise men came from the east to Jerusalem

NASB: magi from the east arrived in Jerusalem

NCV: some wise men from the east came to Jerusalem

NIV: Magi from the east came to Jerusalem

NLT: some wise men from eastern lands arrived in Jerusalem

WEBBE: wise men from the east came to Jerusalem

1) wise men, Wise-men

2) some wise men

3) magi 혹은 Magi

필자는 이들 중에서 AMP와 GNBDC 및 GNT를 주목하고자 한다. AMP는 'wise men' 뒤에 설명으로 astrologers(천문학자)를 붙여놓았고, GNBDC 및 GNT에서는 'some men'을 관계절 'who studied the stars'가 수식하고 있다. 그러니까 관계절은 형용사 'wise'에 대한 설명이다. 동방박사는 별을 연구한 학자들이다. 온라인 그리스 바이블(http://greekbible.com/index.php)에 따르면 동방박사에 해당하는 부분은

'μάγοι ἀπὸ ἀνατολῶν'[magoi apo anatolon 마고이 아포 아나톨론]이다. 'μάγος'에 대한 설명이 다음과 같이 나온다.[20)]

> 1) 바빌론(갈데아), 메디아, 페르시아 등에서는 현자, 선생님, 사제, 물리학자, 천문학자, 예언자, 해몽가, 점쟁이, 마술사를 일컫는 말이다.
> 2) 특별한 별이 뜨는 것을 보고 메시아가 태어날 것을 발견하고 그에게 경배하기 위하여 예루살렘으로 온 동방의 지혜자(천문학자)
> 3) 가짜 예언자

그리스어 'μάγος(magos)'는 메디아 지역과 페르시아에서는 제사장 신분, 천문학자, 점성가, 해몽가로 이들 신분은 매우 명망이 높았다고 한다.[21)] 위의 내용을 종합해 본다면 동방박사들은 '천문학자', '점성가' 정도로 해석된다.

그렇다면 예루살렘에서 볼 때에 동방은 어느 나라를 말할까? 여러 가지 설이 있다. 모게 헬무트(Mogge Helmut)가 1963년 12월 20일 독일의 차이트 지에 올린 글을 참고하면[22)] 일부의 사람들은 페르시아나 갈대아 지역을 꼽기도 한다. 여기에는 'margoi'라는 단어가 중요한 논거이다. 그런데 터툴리안과 같은 이들은 아랍을 꼽았다고 한다. 아랍이 황금과 유향과 몰약을 쉽게 구할 수 있는 곳이기도 하기 때문이다. 그런데 헤라스 폰 모예조 다로(Heras von Mohejo Daro) 같은 사람은 인도를 꼽았다. 당시에 유대 작가들이 '동방에서(aus dem Osten)'라고 말할 때에

---

20) https://www.biblestudytools.com/lexicons/greek/nas/magos.html

21) http://www.feiern-online.de/feiern-online/inhalt-feiertage/drei-koenige.htm

22) http://www.zeit.de/1963/51/woher-kamen-die-heiligen-drei-koenige/seite-3 참고.

는 '지혜자의 나라에서(aus einem Lande, wo Weisheit gepflegt wird)'라는 의미였다고 한다. 유목 아랍인들이 특별히 지혜롭다고 여겨지지 않고, 예수님 탄생 당시에 갈대아인들의 지혜도 크게 알려진 바가 못 되지만 인도인들의 지혜는 속담이 있을 정도라고 한다. 인도는 고대로부터 지혜의 수준이 높은 나라였다. 사람들이 지혜의 나무를 찾으러 인도로 갈 정도였다고 한다. '리시스(risis)'라 불리는 인도의 지혜자들은 사회적 신분도 높다고 한다. 그리고 인도는 천문학도 발달된 나라이다. 모게 헬무트는 인도는 황금이 풍부한 나라이고, 부족한 유향과 몰약은 아랍으로부터 수입했을 거라는 추측도 첨언한다. 황금과 유향과 몰약은 오리엔탈 문화에서 왕들에게 바치는 예물이라고 한다. 동방박사들이 신생아 아기 예수를 왕으로 오신 분으로 인정했다는 것을 말한다.[23)]

## 그런데 유럽에서는 어떻게 '동방박사'가 '왕'이 되었는가?

초기 기독교의 모습을 보여주는 카타콤에서는 동방박사가 왕으로 묘사되어 나오지 않는다고 한다. 동방박사를 왕으로 해석한 이는 3세기 초의 교부 터툴리안(Tertullian 150~220)이다. 그는 "그리스도인의 피가 기독교 신앙의 씨앗이다 semen est sanguis christianorum", "그것은 확실하다. 왜냐하면 그것은 불가능한 일이기 때문이다 certum est, quia

23) http://www.zeit.de/1963/51/woher-kamen-die-heiligen-drei-koenige/seite-5 참고.

impossibile."라는 말로 우리에게 잘 알려진 인물이다. 터툴리안은 동방박사를 'fere reges(흡사 왕들)'이라고 했다. 그러면서도 무엇에 근거하여 그런 말을 했는지에 대한 언급은 하지 않았다고 한다.[24] 만프레트 베커 후베르티(Manfred Becker-Huberti) 교수에 따르면 터툴리안은 시편 72편 10절과 이사야서 60장 3절에 의거하여 동방박사를 왕이라고 생각하게 되었다고 한다.[25] 다음 인용된 성경 말씀이 보여주듯이 여기서는 예수님께 예물을 바치러 나아오는 자들이 왕임을 말하고 있기 때문이다.

"다시스와 섬의 왕들이 조공을 바치며 스바와 시바 왕들이 예물을 드리리로다. 모든 왕이 그의 앞에 부복하며 모든 민족이 다 그를 섬기리로다" (시편 72: 10-11)

"나라들은 네 빛으로, 왕들은 비치는 네 광명으로 나아오리라. 네 눈을 들어 사방을 보라 무리가 다 모여 네게로 오느니라 네 아들들은 먼 곳에서 오겠고 네 딸들은 안기어 올 것이라.

그 때에 네가 보고 기쁜 빛을 내며 네 마음이 놀라고 또 화창하리니 이는 바다의 부가 네게로 돌아오며 이방 나라들의 재물이 네게로 옴이라. 허다한 낙타, 미디안과 에바의 어린 낙타가 네 가운데에 가득할 것이며 스바 사람들은 다 금과 유향을 가지고 와서 여호와의 찬송을 전파할 것이며"(이사야 60: 3-7)

아울러 동방박사들이 예수님께 바치기 위해서 가져온 선물들이 왕

24) http://www.zeit.de/1963/51/woher-kamen-die-heiligen-drei-koenige/seite-3 참고.

25) http://www.heilige-dreikoenige.de/geschichte/literarische_interpretation.html; 그리고 또한 http://www.domradio.de/themen/weihnachten/2013-01-06/reliquienbesitz-half-kaiser-barbarossa

이라야 소유할 수 있는 귀한 선물이라는 것 또한 동방박사들을 왕으로 추정하게 하는데 기여하였다.[26]

그런데 6세기부터는 동방박사들의 실명이 등장하게 되었다. 오늘날 유럽인들에게 잘 알려져 있는 카스파(Caspar), 멜히오르(Melchior), 발타자르(Balthasar)도 이때 등장하는 여러 이름들 중의 하나이다. 8세기부터는 그 이름들 중에서 카스파, 멜히오르, 발타자르가 보편적으로 되며, 또한 왕의 신분으로 격상되어 등장하게 되었다. 카스파는 페르시아어로 '보물을 지키는 사람', 멜히오르는 히브리어로 '나의 왕은 빛', 발타자르는 바빌론어로 '하나님은 생명을 보호하신다'라는 뜻이다.[27] 12세기부터는 세 왕이 서로 다른 연령으로 등장하게 되었다.[28] 발타자르가

라벤나의 아폴로나레 누오보 교회의 동방박사

26) http://www.t-online.de/ratgeber/familie/familienleben/id_66510036/heilige-drei-koenige-wer-waren-die-drei-weisen-.html

27) http://www.feiern-online.de/feiern-online/inhalt-feiertage/drei-koenige.htm

28) https://www.heiligenlexikon.de/BiographienB/Balthasar.htm

노인, 멜히오르가 중년, 카스파가 청년이다. 그리고 또한 세 왕은 세 대륙을 대표적으로 상징하기도 했다.[29] 발타자르는 아시아인, 멜히오르는 유럽인, 카스파는 아프리카이다.[30] 일부는 또한 이들을 노아의 세 아들로 상징하기도 했다. 『로마인 이야기』(Gesta Romanorum)에 따르면 일반적으로 멜히오르가 선물로 들고 갔다고 생각하는 황금은 왕으로서의 예수님을, 발타자르가 선물로 들고 갔다고 생각하는 유향은 희생과 기도를 상징하므로 대제사장으로서의 예수님을, 그리고 카스파가 들고 간 몰약은 구원자로서의 예수님을 상징한다.[31]

## 동방박사의 순례

성경에 따르면 동방박사들은 베들레헴의 동쪽에서 먼저 예루살렘으로, 그리고 베들레헴으로 가서 아기 예수께 경배하였다. 전설에 의하면 콘스탄틴 대제의 어머니 성 헬레나가 팔레스타인 지역 성지순례를 하던 중에 예수님이 못 박히셨던 진짜 십자가와, 성의, 그리고 성모

29) Manfred Becker-Huberti는 『Lexikon der Bräuche und Fest』(2001) 71쪽과 『Feiern Fest Jahreszeiten』(1998) 169쪽에서 라벤나의 6세기 모자이크가 최연장자는 카스파, 중년은 발타자르, 최연소자는 멜히오르라고 말한다. 위 그림을 참고하라.

30) Franziska Schneider-Stotzer(2001): Von Advent, Weihnachten und DreiKönigsfest: Winter. Luzern : Rex Verlag, 121쪽에서는 발타자르가 유럽인, 멜히오르가 아시아인을 대표한다고 되어 있다.

31) http://www.welt.de/welt_print/article1519613/Das-Raetsel-der-drei-Koenige.html

마리아의 면사포, 아울러 동방박사의 유골함을 발견하여 326년에 콘스탄티노플로 가져갔다고 한다.[32] 그런데 마태복음 2장 12절에 따르면 "그들은 꿈에 헤롯에게로 돌아가지 말라 지시하심을 받아 다른 길로 고국에 돌아가니라."라고 기록되어 있기 때문이다. 성 헬레나가 발견했다고 하는 동방박사들의 유골이 어떤 경로로 성지 베들레헴으로 다시 들어가게 되었는지에 대해서는 의문이다. 이것은 쾰른 성당에 안치되어 있는 동방박사들의 유골의 진품여부를 의심하게 하는 첫 번째 사항이다.

동방박사의 유골함이 밀라노에 안치되게 된 것은 밀라노의 주교 에우스토르기우스(Eustorgius)와 관계한다. 그는 그리스의 귀족 신분이었으며, 밀라노로 여행을 갔다. 그의 인품에 반하여 밀라노 시민들이 그를 주교로 선출하였다. 에우스토르기우스는 황제가 동의하면 주교직

에우스토르기오 교회

동방박사 유골함

32) http://www.domradio.de/themen/weihnachten/2013-01-06/reliquienbesitz-half-kaiser-barbarossa; https://www.heiligenlexikon.de/BiographienB/Balthasar.htm

을 승낙하겠다고 했다. 그는 콘스탄티노플로 가서 황제에게 그 얘기를 했더니 황제가 아주 기뻐하며 주교를 승낙하였다. 아울러 에우스토르기우스의 청에 의하여 동방박사 유골함을 밀라노로 보냈다. 유골함은 밀라노의 한 교회에 안치되었다. 에우스토르기우스가 사망하자 그는 그 교회에 묻혔고, 그 교회의 이름은 나중에 상트 에우스토르기오(St. Eustorgio) 교회로 불려졌다. 성 에우스토르기우스는 성 암보르시우스 직전의 밀라노 주교였다. 그런데 암보르시우스는 동방박사 유골함에 대해서는 일절 언급하지 않았다고 한다. 당시 밀라노에서 동방박사에 대한 경배가 있었다든지, 동방박사 유골함에 대해서 언급하고 있는 문헌은 없다고 한다. 이것은 바로 적어도 4세기에서 6세기 기간에 동방박사 유골함이 밀라노에 안치되어 있었다는 것을 의심케 하는 두 번째 논거이다.[33]

동방박사들의 유골의 진위 여부를 떠나 상트 에우스토르기우스 교회에는 동방박사들의 유골함이 안치되어 있었던 곳이 아직도 보존되어 있다. 필자는 2018년 7월 13일 에우스토르기우스 교회로 찾아 가서 그 유골함을 확인하였으며, 그 앞에는 "동방박사에 대한 전설(La leggenda dei Magi ; The legend of the Magi)"이라는 제목으로 이탈리아어와 영어로 설명이 되어 있었다. 영문을 번역하면 다음과 같다.

"전설에 의하면 4세기에 콘스탄티노플의 황제가 밀라노 주교에게 동방박사의 신체를 선물로 주었다고 한다. 그 유골은 크고 육중한 관에 넣어

33) http://www.grin.com/de/e-book/98286/die-heiligen-drei-koenige-die-entstehung-eines-heiligenkults

동방박사 제단

관 위에 새겨진 별과 '세 동방박사의 무덤'

황소 두 마리가 끌고 밀라노로 옮겨졌다고 한다. 황소들은 밀라노 성문에 도달하자 탈진해 쓰러졌다. 바로 그 장소에 에우스토르기우스가 교회를 짓기로 했다. 1164년 프리드리히 바바로사 황제가 밀라노와의 전투에서 승리하는 동안에 탈취될까 두려와 인근에 있는 팔라초에 있는 산 죠르죠 교회에 숨겼다. 그러나 쾰른의 대주교이자 바바로사 황제의 수상이었던 라이날트 폰 다셀(Rainald von Dassel)이 탈취하여 쾰른 성당으로 가져갔다. 동방박사 유골은 금세공사인 니콜라스 폰 베어뎅이 만든 황금 관 안에 오늘날까지 보관되어 있다.

다른 한 편 큰 관은 아직도 에우스토르기오 교회에 있다. 관에는 별과 18세기 비문인 '세 동방박사의 무덤 Sepulcrum trium Magorum'이라고 새겨져 있다. 그 다음 세기에 밀라노 시민들이 유골함을 돌려받기 위해 애썼으나 헛되었다. 1903년 페라리 추기경의 중재로 유골함의 몇 조각이 에우스토르기오 교회로 되돌려졌다.

14세기에 만들어진 동방박사 제단에는 소위 캄피온 스타일로 동방박사의 여행을 새겨넣고 있다. 좌측에는 동방박사의 행렬, 가운데에는 아기 예수 경배, 우측에는 헤롯과의 만남을 그려넣고 있다."

동방박사의 유골함이 옮겨지는 분명한 기록은 프리드리히 1세 바바로사 황제와 관계한다. 프리드리히 1세 바바로사는 1161년 밀라노를 점령하였다. 약 1년이 지나 1162년 3월 1일 밀라노가 황제에게 항복하였다. 바바로사는 3월 26일 밀라노 시내를 약탈하였다. 아마 이 때에 동방박사 유골함이라고 주장되고 있는 유골함을 탈취했다. 그리고 1164년 6월 9일 바바로사의 상서원장(1156~)이자 쾰른의 대주교(1159~1167)인 라이날트 폰 다셀에게 동방박사 유골함을 선물로 주었다. 그는 유골함을 싣고 1164년 6월 10일 쾰른으로 향해 길을 떠났다. 1164년 7월 23일, 쾰른 시민들의 열렬한 환영 속에서 동방박사 유골함이 도착했다. 라이날트 폰 다셀은 1167년 8월 14일 이탈리아에서 죽었다. 그의 후임 대주교는 필립 폰 하인스베르크(Philipp von Heinsberg)이다. 필립 폰 하인스베르크 주교가 1181년 금공예가 니콜라우스 폰 베어뒹(Nikolaus von Verdun)에게 동방박사 유골함 상자를 만들도록 했다. 유골함 상자가 몇 년간에 걸쳐서 만들어졌는가는 문헌에 따라 다르다. 1180/1190~1225년 사이에 연대가 기록되고 있다. 1794년에서 1803년 사이에는 유골함 상자를 전쟁의 위협 때문에 베스트팔렌 주에 있는 아른스베르크(Arnsberg)에 있는 베딩하우젠(Wedinghausen) 수도원에 옮겨 놓기도 했다.[34)]

34) Angelika Feilhauer(2000): Feste feiern in Deutschland. Zürich : Sanssouci. 21쪽.

## 성삼왕 경배 풍습의 전개

동방박사 유골함을 쾰른으로 옮기자 동방박사에 대한 경배가 생겨났다. 동방박사 유골함이 로마와 산티아고 드 콤포스텔라와 더불어 쾰른을 유럽의 순례지로 만들었다. 여기에는 우선 라이날트 폰 다셀 대주교의 영향이 컸다. 밀라노에서 출발한지 이틀 뒤에 밀라노에서 60킬로미터 떨어진 베르첼리(Vercelli)에서 쾰른으로 편지를 하여[35] 지구상에서 어떤 것과도 비교할 수 없는 값진 유물을 가지고 간다고 편지했다고 한다. 그래서 동방박사 유골함이 쾰른에 도착하기 전에 이미 시민들이 동방박사 유골함에 대해서 알게 되었으며, 성당 안으로 들어갈 때에는 동방박사 유골함은 시민들의 찬송 속에서 운구되었다고 한다.[36] 오토 4세(집권: 〈왕〉1198~1207/〈황제〉1208~1218)를 통하여 동방박사들은 특별한 가치평가를 받게 된다. 필립 폰 슈바벤과의 정치적 대결 속에서 1200년 1월 6일 공현절 축제의 날에 의회를 쾰른으로 소집하여 작업 중이던 유골함 상자에 있는 동방박사에게 선물로서 그들의 머리에 황금 왕관을 씌웠다. 거기서 오토 4세는 비록 자신은 왕관을 쓰지는 않았지만 자신을 동방박사에 이어 네 번째 통치자로서 새겨 넣었다. 이에 대해서 후고 슈테켐퍼(Hugo Stehkämper)는 "거룩한 세 왕(이하 '성삼왕')〉과 같이 자

35) http://www.hausarbeiten.de/faecher/vorschau/98286.html

36) http://www.rp-online.de/panorama/wissen/der-weg-der-magier-von-bethlehem-nach-koeln-aid-1.4438481

신의 왕위를 하나님의 아들을 통하여 공증했다."고 말하고 있다.[37)]

동방박사 순례객들이 쾰른으로 몰려왔다. 13세기 초기에 벌써 교회가 순례객을 받아들이기에 비좁았다. 1248년 8월 15일 쾰른 성당을 새로 짓기 시작하여 1880년에 완성되었다. 쾰른 성당 순례객의 주 관심사는 쾰른 성당의 제단이 아니라 동방박사 유골함이었다. 성삼왕 유골 운구 200주년에 즈음하여 가멜릿 수도승 요하네스 폰 힐데스하임(Johannes von Hildesheim)(um 1310/1320~1375)이 작성한 성삼왕 전설(Historia Trium Regum)을 통해 더욱 퍼져나갔다.

독일의 왕들도 아헨에서 대관식을 올린 이후에 쾰른 성당으로 가서 성삼왕을 경배하는 것이 관례화 되었다. 1164년부터 아헨에서 독일 왕이 마지막으로 대관식을 올린 1531년까지 신성로마독일제국은 28명의 왕이 대관식을 올렸으며, 그 중 13명이 아헨에서 대관식을 올린 다음에 쾰른으로 왔다. 막시밀리안 1세(1493~1519), 페르디난트 1세(1531~1564)는 대관식 전과 후에 쾰른에 머물렀다. 페르디난트는 1531년 대관식 전에 쾰른 돔에서 로마-독일 왕으로 선출되었다. 루프레히트가 아헨에 들어오는 것을 아헨시가 거부했기 때문에 그는 1401년에 아헨 대신에 쾰른에서 대관식을 올렸다.[38)] 이처럼 쾰른 시에 미친 동방박사, 즉 성삼왕의 영향력은 매우 컸다. 그래서 13세기에 이미 쾰른 시는 시의 문장에 동방박사의 세 왕관을 넣었다.

37) http://www.rheinische-geschichte.lvr.de/persoenlichkeiten/D/Seiten/DreiK%C3%B6nige.aspx 에서 재인용.

38) http://www.rheinische-geschichte.lvr.de/persoenlichkeiten/D/Seiten/DreiK%C3%B6nige.aspx

## 교황과 황제의 권력 다툼과 성삼왕의 의미

본 장의 얘기를 풀어나가기 위해서 동방박사 유골함이 문제시 되던 시기에 교황과 대립교황의 계보를 먼저 보자.

| 대 | 교황 명 | 본명 | 재임 연도 | 비고(재임기간) |
|---|---|---|---|---|
| 170 | Eugenio III<br>에우제니오 3세 | Bernhard | 1145~1153 | 8년 4개월 23일 |
| 171 | Anastasio IV<br>아나스타시오 3세 | Corrado Demetri della Suburra | 1153~1154 | 1년 4개월 21일 |
| 172 | Adriano IV<br>아드리아노 4세 | Nikolas Breakspear | 1154~1159 | 첫 영국교황<br>(4년 8월 28일) |
| 173 | Alessandro III<br>알레산드로 3세 | Rolando Bandinelli | 1159~1181 | 제3차 라테란종교회의, 1179, 역사상 일곱 번째로 긴 종교회의(8029일)(21년 11월 23일) |
| (31) | Vittore IV<br>비토레 4세 | Octaviano de Montecello | 1159~1164 | 대립교황<br>(4년 8월 13일) |
| (32) | Pasquale III<br>파스칼 3세 | Guido von Crema | 1164~1168 | 대립교황<br>(4년 4월 29일) |
| (33) | Callisto III<br>칼리스토 3세 | Johannes von ruma | 1168~1178 | 대립교황<br>(9년 9월 9일) |
| (34) | Innocenzo III<br>인노첸시오 3세 | Lando von Sezze | 1179~1180 | 대립교황<br>(4월(?)) |
| 174 | Lucio III<br>루치오 3세 | Ubaldo | 1181~1185 | (4년 2월 24일) |

170대 교황 에우제니오 3세는 1150년 볼로냐 대학의 신학과 법학과의 교수 롤란도 반디넬리를 교황청으로 불러 추기경으로 임명하였다. 1153년 그는 교황청의 상서원장이 되었으며, 이후 아나스타시오 교

황, 아드리아노 4세 교황시절에 교황의 상서원장으로 교황을 보좌하였다. 상서원장이란 교황의 서류를 담당하는 직책이다. 1157년 베장송(Besancon)에서 열린 제국의회에서 172대 교황인 아드리아노 4세의 사절로서 롤란도 반디넬리는 프리드리히 1세 바바로사에게 교황의 편지를 전달하였다. 이는 자신이 작성한 것이다. 편지의 내용 중 일부는 다음과 같다.

> "우리들의 지극히 거룩한 아버지이신 아드리아노 교황과 신성로마 제국 교회의 전체 추기경은, 즉 그대의 아버지인 교황과 그대의 형제인 전체 추기경은 그대에게 안부 인사를 하노라".[39]

게다가 황제의 권위는 "교황의 은혜/봉토(päpstliches beneficium)"이며, "황제가 자신의 관직을 주 되신 교황으로부터 받지 않는다면 누구로부터 받는가?(A quo ergo habet, si a domno papa non habet imperium?)"라고 말했다. 교황의 직위와 황제의 직위가 동등하다고 생각한 프리드리히 1세 바바로사는 분노가 치밀었다. 오히려 황제인 자신을 교황은 커녕 추기경과 동격으로 묘사하고 있었기 때문이다.

교황 아드리아노 4세가 서거하자 추기경들의 다수는 1159년 9월 18일 치스테르나에서 개최한 선거에서 추기경 롤란도 반디넬리를 교황으로 선출하여 알렉산드로 3세로 교황 서품식을 올렸다. 이에 대하여 황제의 충성파 추기경들은 대립교황으로 옥타비아노를 교황으로 선출하여 1159년 10월 5일 교황 서품식을 올리고 비토레 4세라 하였다.

---

39) https://de.wikipedia.org/wiki/Hoftag_zu_Besan%C3%A7on_(1157)

이때부터 18년간 로마 가톨릭 내에 교회분열이 일어난다. 알레산드로 3세는 프랑스로 도망갔다. 1160년에 프리드리히 1세 황제가 파비아에 소집한 주교회의에 비토레 4세는 나타난 반면 교황 알레산드로 3세는 참석을 거부하였다. 알레산드로 3세는 '교황은 어떤 누구의 지시도 따르지 않는다'는 원칙을 충실히 지킨 것이다. 1160년 2월 11일 노회는 대립교황을 추인한 반면, 2월 13일에는 알레산드로 3세를 교회에서 추방하였다. 1160년 3월 24일 알렉산드로 3세는 황제와 대립교황을 파문하였다.

이상의 교황과 황제의 권력 다툼의 결과에서 프리드리히 1세 바바로사는 자신을 비롯한 왕과 황제의 권위가 교황으로부터 오는 것이 아니라, 교황의 중재 없이 바로 하나님으로부터 온다는 것을 내세우기 위해서 '동방박사'의 신분을 '거룩한 세 왕'으로 격상시킨 것이다. 아기 예수가 세상에 오실 때에 그를 경배한 것은 교황이 아니라 세속 왕이었음을 내세운 것이다. 로마교회에서는 동방박사에게 성인식을 베풀지 않았음에도 유럽의 문화에서는 '거룩한 세 왕(=성삼왕)'으로 호칭된다. 우리가 앞에서 살펴보았듯이 여기에는 프리드리히 1세 바바로사, 라이날트 폰 다셀, 오토 4세, 요하네스 폰 힐데스하임 등이 기여하고 있다. 동방박사의 유골인지 진품여부를 확인하지도 않고, 진품이라고 주장하는 가운데 형성된 동방박사(=성삼왕) 경배문화가 "슈타우펜가의 통치권의 근거를 마련하고, 로마에 있는 교황에 대응하여 통치권의 안전장치를 마련한 것"[40]은 확실하다. 황제권이 하나님으로부터

40) http://www.deutschlandfunk.de/850-jahre-dreikoenigsschrein-von-bethlehem-ueber-mailand.886.de.ht ml?dram%3Aarticle_id=294639

직접 왔다는 것을 보여주려는 일련의 이런 행위에 1165년 12월 29일에 아헨 성당에서 대립교황 파스칼 3세가 칼 대왕(프랑스어 이름: 샤를마뉴 대제)의 성인 서품식을 거행한 것도 해당된다.[41]

## 롬바르디아 동맹, 레냐노(Legnano) 전투, 그리고 베니스 강화조약

북 이탈리아는 황제의 통치권에서 벗어나 더 많은 자치권을 요구하면서 황제와 대결하였다. 마침내 1167년 12월 1일, 그들은 롬바르디아 동맹을 결성했다. 황제와 주도권 싸움을 벌이던 알렉산더 3세도 롬바르디아 동맹을 지지하였다. 1174년 황제 바바로사는 북이탈리아 마을의 봉기를 끝장내려고 이탈리아로 갔다. 자신이 거느린 군대가 3,000명밖에 되지 않았기 때문에 롬바르디아 동맹에 결정적으로 이기기 위해서 더 많은 군사가 필요했다. 1176년 초에 자신의 봉신인 작센과 바이에른 공작이었던 하인리히 사자공에게 군사지원을 요청했으나 하인리히 사자공은 이를 거부했다. 1176년 5월 29일 레냐노(legnano) 부근에서 전투가 벌어졌다. 처음에는 전세가 유리했으나 결국 패하게 되었다. 황제도 피신하여야 했다. 그런데 군사적 타격을 입은 프리드리히 1세 바바로사는 더 이상 대립교황을 지원하는 것을 포기하고 알렉산더 교황과 화의를 맺을 수밖에 없다고 생각했다. 1177년 7월 24일이었다.

---

41) http://www.grin.com/de/e-book/98286/die-heiligen-drei-koenige-die-entstehung-eines-heiligenkults

슈피겔지는 다음과 같이 당시의 상황을 묘사하고 있다.

> 중세의 겸손 의식에 따라 바바로사는 곤돌라 정박지에서 교황 앞까지 맨발로 걸어갔다. 거기서 그는 황제의 외투를 벗어두어야 했다. 왜냐하면 상징적으로 자신의 존엄을 벗어야 했기 때문이다. 그가 교황의 발과 무릎에 입을 맞추자 황제는 그가 일어나도록 돕고 그를 축복하였다....항복의 식은 3주간 계속되었다. 바바로사는 알렉산더 3세에게 소위 마부의 섬김(Strator-Dienst)을 수행했다. 등자를 잡고 종처럼 말의 고삐를 이끌었다.[42]

역사적으로 그것을 '베니스 강화조약'이라 일컫지만 사실은 황제가 교황 앞에 굴복하였다. 1183년 콘스탄츠 강화조약에서 황제는 이탈리아 마을의 내적 자치를 인정하였고, 이탈리아 마을들은 황제의 형식적 위상을 수용하였다. 독자들은 이 당시 풍경을 감상하기 위해서는 이미지 검색을 통하여 프란체스코 살비아티(Francesco Salviati, 1510~1563)의 그림을 참고 할 수 있을 것이다.[43]

## 동방박사의 날

동방박사의 날은 1월 6일이다. 독일에서는 바이에른 주, 바덴뷔르템베르크 주, 작센 안할트주에서는 이날이 공휴일이다. 이 날의 특별한 풍습은 별노래단(Sternsinger)이다. 이들은 성삼왕의 복장으로 집집마다

---

42) http://magazin.spiegel.de/EpubDelivery/spiegel/pdf/85776625

43) 검색어 'Francesco Salviati Papst Alexander III'

돌아다니며 노래를 부른다. 전통적으로는 이렇게 하면 그 집의 주인은 크리스마스 트리에 걸려있었던 과일, 사탕 등을 따서 별노래단에게 준다. 별노래단은 그 집을 나오면서 집의 현관 기둥에 흰 분필로써 가령 2019년의 경우 '20*C+M+B*19'라고 적는다. C, M, B는 중의적이다. 한편으로는 카스파, 멜히오르, 발타자르를 의미하지만 다른 한편으로는 'Christus Mansionem Benedikat'(그리스도여, 이 댁에 복을 내리소서)라는 축복이다. 사실 이는 원래 가톨릭 교회의 풍습이다. 처음에는 수도원 학생들과 합창단에서 시작했다. 기록으로 가장 오랜 것은 잘츠부르크 상트 베드로 수도원이다. 1541년 성삼왕 축제를 했다는 기록이 있다. 1560년부터 널리 퍼졌다. 이런 풍습의 이면에는 성삼왕의 수호력이 악령을 쫓아낸다는 믿음이 있었다. 심지어 이들이 들판을 지나가면 그 들판의 씨앗이 잘 자란다고도 믿었다. 처음에 별노래단은 그들이 모금한 것을 가난한 자들에게 나눠주는 좋은 풍습을 가졌다. 그러나 나중에는 부랑배들이 자신들의 수입원으로 악용하였다. 1791년 3월 11일 도이췌 차이퉁(Deutsche Zeitung)에 심지어 다음과 같은 글이 실렸다고 한다.[44]

"성 슈테판의 날부터 주현절까지의 시기는 보편적으로 강탈의 시기이다. 밤이 되자마자 모든 집 앞에서는 무서운 외침이 들린다. 이것으로 우리는 또 별노래가 있구나 하고 알 수가 있다. 종종 현악기나 관악기가 반주를 넣기도 한다. 전에는 특별한 방식으로 행복한 새해를 기원하길 원했다. 그

44) Angelika Feihauer(2000): 23쪽 및 곽병휴: 독일민속연구(3): 독일의 주현절과 성삼왕의 날. 인문과학논총 특별호 4집. 경성대학교 인문과학연구소. 164~165쪽에서 재인용.

런데 그 사이에 선물을 강탈하는 것이 주목적이 되었다. 별을 가진 성삼왕이 노래를 부르며 비행을 저지르고 있다."

결국 19세기에 당국으로부터 '별노래 부르기'는 금지를 당했다.' 그 후 1957년에 독일 가톨릭 청소년 연맹이 세계 선교의 사명 속에서 이 풍습을 되살렸다. 그 때부터 모금액은 제3세계 어린이를 위한 시설에 사용되었다.[45)]

다음 사진은 2006년 베를린 시청과 명품 시계 회사인 'A Lange & Söhne'를 방문하여 필자가 찍은 것이다.

베를린 시청

A Lange & Söhne

## 맺는 말

첫째, 이방인으로서 아기 예수가 탄생한 지 얼마 되지 않아 그 앞에

45) Johanna Woll(1995): Feste und Bräuche im Jahreslauf. 2Aufl. Stuttgart: Ulmer. 118쪽 및 곽병휴(2004) 위 책 164~165에서 재인용.

서 경배하고, 선물로써 그의 왕이 되심과, 대제사장 되심과, 구원자 되심을 인정한 동방박사의 이야기가 유럽 기독교 문화, 특히 독일의 기독교 문화에서 '성삼왕(聖三王)'의 전설로 둔갑한 것에는 그것이 지극히 세속적·정치적 도구로 이용되었기 때문이라는 것이다. 교회의 정치적 도구화는 이처럼 변질을 가져오므로 경계해야 할 일이다.

둘째, 쾰른 성당에 보관되어 있는 동방박사 유골함은 유골의 진위 여부가 확인되지 않은 것일 뿐만 아니라, 그에 얽힌 이야기도 진실이기보다는 전설이다. 그럼에도 불구하고 순례의 대상이 되어 있다. 많은 사람들이 지적하는 바는 당시 문헌에서는 밀라노가 자신들이 동방박사 유골함을 갖고 있었던 줄도 몰랐다. 바바로사에게 탈취당한 뒤 뒤늦게 1903년에야 비로소 반환요구를 했다는 것에는 순례자들이 쾰른 성당을 방문하는 것에 따른 경제 논리가 작용했다는 것이다. 교회가 본질보다는 경제적 문제에 휘둘리는 것을 경계할 일이다.

셋째, 가톨릭에서는 복자와 성인 서품식이 있다. 성인 서품의 기준이 뭔지는 몰라도 예수님을 직접 대면한 동방박사들이 공식적으로 성인 서품식을 받지 못한 것에는 프리드리히 1세 바바로사가 꾀하고자 했던 바에 대한 우려감, 즉 교황의 중재 없이 세속 왕이 예수님을 먼저, 그리고 직접 뵌 것에 어떤 신경증적인 동인이 작용한 것은 아닐까? 하는 의문이 있다.

넷째, 막강한 권력을 가졌던 프리드리히 1세 바바로사에 대응하는 알렉산드로 3세 교황의 자세는 필자의 눈에는 세속 권력에 굴복하지 않는 신앙인의 결기로 보이기도 한다. 그러나 이와 같은 필자의 생각은 신앙인으로서의 사고의 편향성에서 나온 것인지도 모른다. 역사학을 전공하고, 중세의 교권과 황제권의 갈등에 깊이 관심을 갖고 계신 한 선교사님은 필자의 원고를 검토한 뒤에 그것이 중세의 교회가 지나치게 세속화되어 세상의 부와 권력을 다 거머쥐려고 한 지극히 타락한 상태였음을 지적하였다.

나아가서 오늘날 우리 대한민국의 교회가 바로 서려면 중세의 교회처럼 부와 권력을 좇을 것이 아니라, 그와 같은 모든 것을 멀리하고, 주님께서 주신 사명을 깊이 자각해야 한다는 선교사님의 지적에 필자도 오히려 공감하게 되었다.

본 동방박사에 얽힌 이야기를 통하여 성도님들이 서구 유럽의 기독교 문화를 이해하는데 조금이라도 보탬이 되길 기원한다. 그러나 무엇보다 중요한 것을 하인리히 하이네가 우리에게 새삼 상기시켜 준다. 동방박사들이 사람들에게 '베들레헴으로 가는 길이 어디입니까?' 하고 물었듯이, 우리도 예수님이 계신 곳으로 찾아가는 것이다.

## 덧붙이는 이야기: '네 번째 동방박사'에 대한 이야기

동방박사와 관련한 유럽의 문화에서 하이라이트는 무엇인가? 나는 '네 번째 동방박사'에 대한 이야기가 아닌가 생각한다. '네 번째 동방박사'에 대한 이야기는 여러 버전으로 이야기되고 있다. 그러나 그 이야기 방식은 유사한데 그 중의 하나를 요약하여 소개하면 이렇다.[46]

---

46) http://www.k-l-j.de/download/pdf/kgeschichten/kgeschichte_weihnacht.pdf 참고.

세 명의 동방박사와 만나기로 한 다른 한 명의 동방박사는 그의 낙타가 다리가 아파 걸음을 잘 걷지 못하여 다른 셋과 약속 장소에서 만나지 못하고 혼자서 가게 되었다. 그는 아기 예수께 예물로 드리려고 많은 보석을 가지고 떠났는데, 도중에 이런저런 불쌍하고, 가난하고, 딱한 사정이 있는 사람들을 만나 그들을 도와주고, 그들의 심부름을 하다 도착이 아주 늦게 되었다. 여러 달이 흘러 이집트로 갔더니 아기 예수가 부모님과 고향으로 돌아갔다는 얘기를 들었다. 다시 아기 예수를 만나러 가는 중에 또 다시 어렵고 불쌍한 사람들을 만나 그들을 도와주다 30년의 세월이 흘렀다. 어느 날이었다. 정오가 지난 시간이었는데 갑자기 날이 어두워지고 땅이 진동하기 시작했다. 이러다가 아기 예수님을 만나지 못하는 것이 아닌가 하여 두려웠다. 그때 십자가에서 천상의 빛이 비치어오더니 어떤 목소리가 들렸다. "내가 배가 고플 때, 너는 내게 먹을 것을 주었다. 내가 목마를 때, 너는 마실 것을 주었다. 내가 나그네로 있을 때, 너는 나를 초대해 주었다. 내가 헐벗었을 때, 너는 내게 옷을 입혀 주었다. 내가 아플 때, 너는 나를 돌보아 주었다. 내가 감옥에 있을 때, 너는 나를 찾아 주었다." 그때 그가 "주여 제가 언제, 어디에서 그러했습니까?"하고 물었더니, "보잘것 없는 사람에게 한 일, 곧 네가 이 형제들 중 가장 보잘것 없는 사람에게 한 일이 곧 나에게 한 것이다."라고 하셨다. 네 번째 동방박사는 십자가에 달리신 예수님 앞에 무릎을 꿇었다.

필자는 이 이야기를 읽을 때, 그리고 이 이야기를 전할 때 까닭 없이 눈물이 난다. 누군가 이 아름다운 이야기를 지어냈다. 예수 믿는 사람에게 가장 값진 삶의 길들 중의 하나가 무엇인지를 말해 주는 이야기로 생각되기 때문이다. 그리고 이런 이야기를 만들어내는 유럽의 기독교 문화에 그저 감탄할 따름이다.

# 달력의 역사, 성탄절, 그리고 종교개혁

그리스도가 수천 번
베들레헴에서 태어난다 할지라도
그가 네 속에서 태어나지 않는다면
너는 영원히 잃어버려진 채로 있는 것이다

- 앙겔루스 실레시우스(1624~1677) -

## 달력의 역사

성탄절은 부활절, 오순절과 더불어 교회력의 중요한 세 절기 중의 하나이다. 그런데 부활절과 오순절은 그 날짜가 유동적인 반면 성탄절은 해마다 12월 25일로 고정되어 있다. 따라서 성탄절에 대한 첫 궁금증은 아마도 왜 성탄절이 12월 25일로 결정되었느냐 하는 질문일 것이다. 미리 얘기해 두자면 사실 여기에 대한 결정적인 정답은 없다. 다만 회자되고 있는 몇 가지 설을 정리해서 전하고자 한다. 두 번째 질문은 유럽의 성탄절 문화에는 어떠한 것들이 있는가 하는 것이다. 그런데 필자가 성탄절에 대해서 공부를 하는 중에 아주 밀접하게 연관이 되는 것은 아니라 할지라도 이 문제를 제대로 이해하기 위해서는 달력의 역사를 이해해 둘 필요가 있다는 점을 확인하였다. 달력의 역사에 대해서 아주 자신이 있는 것은 아니지만 필자가 이해하고 있는 바 달력의 역사를 먼저 살펴보고 성탄절 절기 문제로 들어가 보려고 한다.

달력의 역사는 로마의 건국 시조인 로물루스(753~717) 시대로부터 시작된다. 이 시기의 달력을 흔히 구 로마력이라고 부른다.

### 1) 구 로마력

구 로마력은 흔히 '로물루스력(Romulus-Kalender)'이라고도 한다. 당시 달력은 1년이 10개월로 구성된다. 로물루스력에서는 추운 겨울 2개월을 사탄이 지배하는 기간이라 생각하여 셈에 넣지 않는다. 따라서 구 로마력은 10개월 304일이었으며, 그리고 한 해의 시작은 3월부터 시작되었다. 구 로마력의 달의 명칭 및 달의 날수는 다음과 같다.

| 월 | 명칭 | 일 수 | 명칭의 의미 |
|---|---|---|---|
| 1 | Martius | 31 | 전쟁의 신 마르스(Mars)에게 바친 달 |
| 2 | Aprilis | 30 | 꽃봉오리가 열리는 달 |
| 3 | Maius | 31 | 그리스 신 마이아(Maia)의 달 |
| 4 | Iunius | 30 | 결혼의 여신 유노(Juno)에게 바친 달 |
| 5 | Quintilis | 31 | 다섯 번째 달 |
| 6 | Sextilis | 30 | 여섯 번째 달 |
| 7 | September | 30 | 일곱 번째 달 |
| 8 | October | 31 | 여덟 번째 달 |
| 9 | November | 30 | 아홉 번째 달 |
| 10 | December | 30 | 열 번째 달 |
| | | 304 | |

## 2) 누마 폼필리우스(Numa Pompilius, 717/715~673/672/671)[47] 력

로물루스 다음에 집권한 로마의 왕은 누마 폼필리우스이다. B.C. 713경에 누마 폼필루스력으로 변경된 것으로 생각한다. 마지막에 2개월이 추가되었다. 12개월의 총 일수는 355일이었다. 그때의 달력은 다음과 같다.

| 월 | 명칭 | 일 수 | 명칭의 의미 |
|---|---|---|---|
| 1 | Martius | 31 | 전쟁의 신 마르스에게 바친 달 |
| 2 | Aprilis | 29 | 꽃봉오리가 열리는 달 |
| 3 | Maius | 31 | 그리스 신 마이아의 달 |
| 4 | Iunius | 29 | 결혼의 여신 유노에게 바친 달 |
| 5 | Quintilis | 31 | 다섯 번째 달 |
| 6 | Sextilis | 29 | 여섯 번째 달 |
| 7 | September | 29 | 일곱 번째 달 |
| 8 | October | 31 | 여덟 번째 달 |
| 9 | November | 29 | 아홉 번째 달 |
| 10 | December | 29 | 열 번째 달 |
| 11 | Ijanuarius | 29 | 야누스 신에게 바친 달 |
| 12 | Februarius | 28 | 연말 정결의식의 달 |
| | | 355 | |

## 3) 개정 누마 폼필리우스력

B.C. 153 누마 폼필리우스력이 개정되었다. 맨 끝의 두 달, 즉 Ijanuarius와 Februarius가 앞쪽으로 이동하였다. 그러므로 9월, 10월, 11월, 12월

47) 문헌에 따라서 집권 연대가 차이가 있다.

의 경우 오늘날 각 달의 명칭은 원래 수사의 의미와 다르게 되었다.

| 월 | 명칭 | 일 수 | 명칭의 의미 |
|---|---|---|---|
| 1 | Ijanuarius | 29 | 야누스 신에게 바친 달 |
| 2 | Februarius | 28 | 연말 정결의식의 달 |
| 3 | Martius | 31 | 전쟁의 신에게 마르스에게 바친 달 |
| 4 | Aprilis | 29 | 꽃봉오리가 열리는 달 |
| 5 | Maius | 31 | 그리스 신 마이아의 달 |
| 6 | Iunius | 29 | 결혼의 여신 유노에게 바친 달 |
| 7 | Quintilis | 31 | 다섯 번째 달 |
| 8 | Sextilis | 29 | 여섯 번째 달 |
| 9 | September | 29 | 일곱 번째 달 |
| 10 | October | 31 | 여덟 번째 달 |
| 11 | November | 29 | 아홉 번째 달 |
| 12 | December | 29 | 열 번째 달 |
| | | 355 | |

### 4) 율리우스력

B.C. 45년 가이우스 율리우스 시저(Gaius Julius Cäsar)는 로마의 달력을 변경한다. 이를 율리우스력이라 부른다. 1년은 365일이 된다. 아울러 각 달의 일수가 조정되었다. 율리우스 황제와 아우구스투스 황제가 자신들의 이름을 7월과 8월의 명칭에 넣었다. 뿐만 아니라 날 수를 31일로 조정하였다.

| 월 | 명칭 | 일 수 | | 명칭의 의미 |
|---|---|---|---|---|
| | | 율리우스 | 아우구스투스 | |
| 1 | Ijanuarius | 31 | 31 | 야누스 신에게 바친 달 |
| 2 | Februarius | 29 | 28 | 연말 정결의식의 달 |
| 3 | Martius | 31 | 31 | 전쟁의 신에게 마르스에게 바친 달 |
| 4 | Aprilis | 30 | 30 | 꽃봉오리가 열리는 달 |
| 5 | Maius | 31 | 31 | 그리스 신 마이아의 달 |
| 6 | Iunius | 30 | 30 | 결혼의 여신 유노에게 바친 달 |
| 7 | Iulius | 31 | 31 | 율리우스의 달 |
| 8 | Augustus | 30 | 31 | 아우구스투스의 달 |
| 9 | September | 31 | 30 | 일곱 번째 달 |
| 10 | October | 30 | 31 | 여덟 번째 달 |
| 11 | November | 31 | 30 | 아홉 번째 달 |
| 12 | December | 30 | 31 | 열 번째 달 |
| | | 365 | 365 | |

## 왜 성탄절은 12월 25일인가?

만프레트 베커-후베르티(Manfred Becker-Huberti)는 회자되는 성탄절의 일정과 관련하여 다음의 다섯 가지 설로 요약하고 있다.[48)]

### 1) 종교사적 가설(die religionsgeschichtliche Hypothese)

첫 번째 가설은 이교도들의 축제일을 기독교인들이 받아들여 예수

48) Manfred Becker-Huberti(1998): Feiern-Feste-Jahreszeiten. Freiburg/Basel/Wien. 85~91쪽.

님의 생일로 지켰다는 것이다. 그들이 그렇게 한 이유는 호교학적·선교적(apologetisch-missionarisch) 의도에서 그렇게 한 것이다. 덮어씌우기를 하여 이교도 문화를 추방하고자 한 것이다. 사실 12월 25일은 헬리오스 숭배자들, 미드라 숭배자들, 태양신 숭배자들 모두가 12월 25일에 축제를 벌였다.

### 2) 호교학적 가설(die apologetische Hypothese)

첫 번째 가설의 변이형이다. 이 가설에 따르면 기독교인들이 274년 황제 아우렐리안(270~275)이 새로이 도입한 태양신 탄생 축제일인 12월 25일을 예수님의 생일로 확정하였다는 설이다. 그러나 일부 학자들은 이런 축제가 실제 있었는지 의심한다.

### 3) 게르만 연속성 가설: 종교사적 가설의 독일 변이형

19세기 이래로 처음에는 민족의식에서, 그 다음에는 국가 사회주의 이데올로기에서 자라난 소위 게르만 연속성 가설이다. 그것에 따르면 게르만 풍습인 동지(Julfest)를 기독교적 축제와 풍습으로 덧칠했다는 것이다. 그런데 문제는 기독교 이전 게르만 동지축제를 1월 중순쯤 거행했고, 그 이유는 모르지만 940년에 비로소 게르만 동지축제를 12월 25일로 당겼다. 그렇다면 이때는 이미 성탄절을 12월 25일로 지켜온 한참 이후인 것이다.

### 4) 계산 가설(die Berechnungshypothese)

유대인들은 하나의 삶이 완전하려면 출생일과 사망일이 같아야 한다는 생각을 가졌다. 그들이 생각하는 그 대표적이 예가 번제물로 바쳐진 이삭이다. 유대인들에게 이삭과 같은 의미를 지니는 분이 예수님이다. 그렇다면 예수님이 언제 돌아가셨느냐가 중요하다. 그 날짜를 곧 예수님이 탄생한 날로 보면 되기 때문이다. 예수님은 유대력으로 니산월 14일에 돌아가셨다. 여기에 여러 가지 설이 있지만 두 가지 설이 크게 주목을 받았다. 예수님은 30년 4월 7일에 돌아가셨다는 설과 29년 3월 25일에 돌아가셨다는 설이다. 기독교인들이 예수님 사망일인 이 날짜를 출생일로 정하지 않은 것은 3일 뒤에 부활절을 축하해야 하기 때문이었다고 계산가설의 지지자들은 생각한다.[49] 아무튼 그래서 예수님의 사망일에서 다시 계속 계산을 해냈다는 것이다. 29년 니산월 14일은 3월 25일이다. 3월 25일은 전통적으로 하나님이 빛과 어둠을 나눈 창조의 첫 날이라고 사람들은 생각하고 있었다. 아주 인간적으로 생각해서 창조의 첫날을 예수님이 수태된 날이라고 가정한 것이다. 수태 후 9개월 뒤에 출생하기 때문에 3월 25일의 9개월 뒤인 12월 25일이 예수님의 탄생일이 된 것이다. 그런데 누가복음 1장 26절 말씀에 "여섯째 달에 천사 가브리엘이 하나님의 보내심을 받아 갈릴리 나사렛이란 동네에 가서"라는 구절이 있고, 31절 말씀에 마리아에게 이르는 "보라 네가 잉태하여 아들을 낳으리니, 그 이름을 예수라 하라."라는 구절이 있다. 여기서 추론은 세례요한이 예수님보다 6개월 일찍 태어났다는 것이다. 그래서 가톨릭에서 세례요한의 날은 6월 24일인 것이다.[50]

---

49) Manfred Becker-Huberti(1998): 86~87쪽.

50) 유감스럽게도 필자는 왜 6월 25일로 정하지 않았는지에 대해서는 모른다.

요한복음 1장 9절에 "참 빛 곧 세상에 와서 각 사람에게 비추는 빛이 있었나니"라는 구절이 있다. 참 빛은 예수님을 말한다. 예수님을 빛에 비유한 것이다. 그리고 요한복음 3장 30절에 보면 "그는 흥하여야 하겠고 나는 쇠하여야 하리라 하니라"라는 구절이 있다. 12월 25일이 동지이므로 예수님이 탄생한 이후부터 낮이 길어진다. 그러므로 세례요한이 한 말처럼 "그는 흥하여야 하겠고"라는 말씀이 이루어진다. 세례요한이 자신에 대하여 "나는 쇠하여야 하리라"고 하였으니 하지 이후에는 낮이 점점 짧아진다.

그런데 예수님의 사망일을 다른 하나의 설인 30년 4월 7일로 본다면 9개월 뒤는 1월 6일이 된다고 한다.[51] 그래서 3세기까지 로마를 제외한 다른 지역에서는 1월 6일을 성탄절로 간주해 왔다고 한다. 그런데 379년 이래로 로마 가톨릭과 동방정교회는 다 같이 12월 25일을 성탄 절로 지켜왔다. 하지만 이것은 그레고리우스 달력을 도입한 이래 다시 갈라서게 되었다. 정교회는 1월 7일을 성탄절로 여기기 때문이다. 이에 대한 설명은 이 장의 마무리 부분에 가서 하겠다.

### 5) 구약 예언 가설(die alttestamentlich-prophetische Hypothese)

구약 예언 가설을 주장한 대표적인 사람인 그리스 교부학자 요하네스 크리소스토모스(Johannes Chrysostomos, 354~407)에 따르면 예언자들이 벌써 예수님의 탄생을 12월 25일로 예고했다고 한다.[52] 그가 근거

---

51) Manfred Becker-Huberti(1998): 87쪽에는 왜 1월 7일이 아닌가에 대한 설명이 없다.

52) Manfred Becker-Huberti(1998): 88쪽 참고.

로 제시하는 구약의 말씀은 학개서이다. “너희는 오늘 이전을 기억하라 아홉째 달 이십사 일 곧 여호와의 성전 지대를 쌓던 날부터 기억하여 보라.”(학개서 2:18) 초기 기독교는 구약의 이 말씀을 예수님과 연결시킨 것이 분명하다는 것이다. 부언하자면 성전은 곧 예수님을 의미하기 때문에 학개서는 예수님의 탄생일을 가리킨다는 해석이다. 성전이 예수님과 관계된다는 것은 우선 모퉁이 돌, 머릿돌이라는 단어들이다.[53)]

| | |
|---|---|
| 마 21:42 | 예수께서 이르시되 너희가 성경에 건축자들이 버린 돌이 모퉁이의 머릿돌이 되었나니 이것은 주로 말미암아 된 것이요 우리 눈에 기이하도다 함을 읽어 본 일이 없느냐 |
| 막 12:10 | 너희가 성경에 건축자들이 버린 돌이 모퉁이의 머릿돌이 되었나니 |
| 눅 20:17 | 그들을 보시며 이르시되 그러면 기록된 바 건축자들의 버린 돌이 모퉁이의 머릿돌이 되었느니라 함이 어찜이냐 |
| 행: 4:11 | 이 예수는 너희 건축자들의 버린 돌로서 집 모퉁이의 머릿돌이 되었느니라 |
| 벧전 2:6 | 성경에 기록되었으되 보라 내가 택한 보배로운 모퉁잇돌을 시온에 두노니 그를 믿는 자는 부끄러움을 당하지 아니하리라 하였으니 |
| 시 118:22 | 건축자가 버린 돌이 집 모퉁이의 머릿돌이 되었나니 |

예수님께서도 구약의 선지자들의 말에 화답한다. 요한복음 2장 19절에서 22절까지의 말씀을 살펴보자.

53) Manfred Becker-Huberti(1998): 89쪽.

19 예수께서 대답하여 이르시되 너희가 이 성전을 헐라 내가 사흘 동안에 일
으키리라
20 유대인들이 이르되 이 성전은 사십육 년 동안에 지었거늘 네가 삼 일 동안
에 일으키겠느냐 하더라
21 그러나 예수는 성전된 자기 육체를 가리켜 말씀하신 것이라
22 죽은 자 가운데서 살아나신 후에야 제자들이 이 말씀하신 것을 기억하고
성경과 예수께서 하신 말씀을 믿었더라

그러니까 학개서에 따른 성전 봉헌 축제이자, 하누카 빛의 축제이며 기원전 150년 전부터 벌여오던 마카베 성전 봉헌 축제는 아홉 번째 달, 즉 키슬레우(Kislew)달 25일에 축제를 시작하여 8일간 계속된다. 성탄절이라는 행사에서 기독교인들은 그리스도라는 개인 속에 세워진 새 성전 건축을 축하한다. 하지만 유대인들의 하누카 절기에 따라 아홉째 달 25일로 고정시켰다. 그리고 이때에 8일이라는 축제 기간과 예수 그리스도가 떠오르는 태양이라는 빛의 상징 내용까지 차용했다는 것이다.[54] 이 설을 주장하는 사람들은 성탄절은 유대인의 하누카처럼 성전건축 축제이다. 그러므로 성탄절은 이교도에서 차용해온 것도 아니고, 유대교에서 차용한 것도 아니다. 기독교적으로 승화된 것이다. 다른 이교도의 축제를 반대하여 만들어진 것도 아니며, 독자적으로 발전해온 것이며, 기독교 유대교 사상에 근거를 두고 있다. 예수 그리스도라는 새 성전이 구약을 대신하는 신약을 세웠듯이, 하나님의 백성도 이제는 더 이상 유대인만이 아니라 그리스도를 신봉하는 모든 사람인 것이다.[55] 성탄절 기간은

54) Manfred Becker-Huberti(1998): 90쪽.

55) Manfred Becker-Huberti(1998): 91쪽.

처음엔 8일 이었으나 점차 발전하여 나중에는 이것이 예습기간(대림절)과 복습기간(2월 2일 성촉절까지)으로 확대되었다.

### 6) 동지 가설[56)]

12월 25일 로마에서는 토성 신 숭배 축제(Saturnalien), 이집트에서는 호루스 탄생 축제, 남서 아시아에서는 빛의 신 미드라 숭배 축제, 북유럽에서는 12야 축제(Julfest)가 거행되었다. 빛 축제의 이유는 12월 25일 동지였다. 이제는 태양이 그 동안 지배했던 어두운 세력에 대해서 힘을 얻는다. 당시 동지는 12월 25일이었다. 그날 빛의 신 미드라를 숭배하였다. 교황 리베루스가 354년 동짓날에 예수님의 생일을 12월 25일로 확정했다. 독일어권에서는 성탄절을 9세기 이래로 축하하고 있다. 16세기 그레고리우스력이 도입될 때까지 그와 더불어 교회력이 시작되었다.

## 성탄절 준비 기간

### 1) 11월 11일, 성 마르틴의 날

부활절 준비가 주일을 제외한 40일 전인 재의 수요일부터 시작되듯이, 성탄절 절기는 약 40일 전인 11월 11일부터 시작된다.[57)] 11월 11일

---

56) Anke Fischer(2004): Feste und Bräuche in Deutschland. Fränkisch-Crumbach: EDITION XXL. 104쪽.

57) Dietz-Rüdiger Moser(2002): Bräuche und Feste durch das ganze Jahr. Freiburg Basel Wien, 24쪽; Christa Holtei & Tilman Michalski(2005): Das große Familienbuch der Feste und Bräuche, Ostfildern, 169쪽에서는 예전에는 이날부

은 가톨릭에서는 '성 마르틴의 날'이다. 그러나 가톨릭교회에서만 이 날을 기념하는 것이 아니다. 독일의 개신교뿐만 아니라 모든 학교에서도 이날을 기념하고 있다. 그는 316년 당시 지명으로 사바리아(Savaria)에서 군인의 아들로 태어났다. 오늘날 지명으로 본다면 헝가리의 솜바테여(Szombathely)이다. 그는 397년 11월 8일에 사망하여, 11월 11일에 투르(Tours)에 장례하였다.[58] 성자의 장례일이 그의 축일이 된 것이다. 그런데 종교개혁 이후에도 독일에서 이 날의 풍습이 지켜지는 것은 마르틴 루터를 상기하기 때문이라고 한다.[59] 마르틴 루터가 1483년 11월 10일에 태어났으며, 그의 아버지는 그 다음날이 바로 성자 마르틴의 날이기 때문에 아들의 이름을 마르틴이라고 지었다. 성자 마르틴의 날이 그의 나누어 줌을 되새기는 날이기 때문에 그의 삶을 한 번 살펴보자. 그는 로마군에서 군인의 자녀는 군인이 되어야 한다는 로마법에 따라 15세의 나이에 로마 군에 입대했다. 전설에 의하면 그가 추운 겨울날 말을 타고 아미엥(Amiens)으로 들어가는데 성문 앞에서 눈 위에 반쯤 벌거벗은 거지가 자기를 살려달라고 했다고 한다. 그가 가진 것은 아무 것도 없었다. 그가 할 수 있는 유일은 것은 그가 입고 있던 군복이었다. 그는 망설이지 않고 군도로 자기가 입고 가던 외투의 절반을 잘라 거지에게 건네주고 가던 길을 계속 걸어갔다. 거지가 감사하다는 말을 전할 기회도 없었다. 그는 많은 사람들과 동료들의 조롱을 받았으며, 군수품을 훼손한 혐의로 상급자로부터 벌을 받았는데, 3일간 옥

---

터 성탄절까지 40일간 금식했다고 한다.

58) Anke Fischer(2004): 86쪽.

59) 위와 같은 쪽.

살이를 했다고 한다.[60] 전설에 의하면 그가 다음날 밤 깊은 잠에 들었을 때 예수님이 꿈에 나타나셨는데, 그가 거지에게 준 외투의 절반을 걸치고 나타나셨다고 한다. 예수님은 주위에 있는 천사 무리들에게 큰 소리로 "마르틴은 아직 세례도 받지 않았는데 내게 이런 외투를 입혀 주었다."고 말씀하셨다고 한다.[61] 그리고 마태복음 25장 40절에 있는 "임금이 대답하여 이르시되 내가 진실로 너희에게 이르노니 너희가 여기 내 형제 중에 지극히 작은 자 하나에게 한 것이 곧 내게 한 것이니라 하시고"라는 말씀을 되새겨 주셨다고 한다.

성자 마르틴은 351년 서른여섯 살의 나이에 세례를 받고[62] 군을 제대하였다. 그는 주교 힐라리우스 폰 포이티어스의 제자가 되어 사제가 되었으며, 371년 7월 4일에 투르(Tours)의 주교로 선출되었다.[63]

도메네 달렘
(베를린)

60) Manfred Becker-Huberti(1998): 28쪽.

61) http://martin-von-tours.de/de/legenden/martin-teilt-seinen-mantel.html

62) 위키피어디어에는 351년 힐라리우스 포이티어스가 세례를 준 것으로 기록됨.

63) Manfred Becker-Huberti(1998): 30쪽.

옛날에는 11월 11일 이날부터 믿음 있는 신자들은 금식에 들어갔다.[64] 이 금식일이 되기 전에 몸보신을 해야 하는데, 그 때 거위를 잡아먹는 풍습이 있다. 이러한 풍습에는 몇 가지 이유가 있다. 그 중 하나는 겨울을 나기 위해서는 가금들의 모이가 많이 필요한데, 그때 씨가 될 건강한 거위들은 놓아두고 비실비실한 놈들은 잡아먹었다고 한다. 왜 하필 거위냐에 대해서는 이런 전설이 전해 온다. 성자 마르틴은 사제로서 인기가 있었다. 그리고 많은 기적을 행했다고 한다. 그래서 사람들이 그에게 주교가 되어달라고 했다고 한다. 그는 겸손하여 자격이 없다며 달아났다고 한다. 그가 달아난 곳이 하필이면 거위 우리였는데, 그가 뛰어 들어오니 거위가 푸드덕거려 결국 들통났다고 한다. 그래서 마르틴의 날에 거위를 잡아먹는다는 민간 속설이 있다.[65]

'성 마르틴의 날' 행사는 유독 독일 전역에 퍼져 있다. 유치원, 초등학교, 교회학교 등에서 11월 11일 인근 토요일과 일요일에 행사가 치러진다. 로마 병사가 말을 타고 가고, 거위가 들어있는 새장을 들고 가고, 초롱을 든 행렬까지의 큰 행사는 시 단위에서 치르고, 일반적으로는 어둠이 내릴 때 학부모님들과 어린이들이 불을 켠 초롱을 들고 '성 마르틴의 날'을 위해서 지어진 노래를 부른다.[66]

---

64) Dietz-Rüdiger Moser(2002): 25쪽. 성 마르틴의 날부터 성탄절까지 1주일에 세 번, 즉 월, 수, 금요일에 금식을 수행했다고 한다고 581년에 열린 마콘(Mâcon) 노회에서 규정하였다.

65) Angelika Feilhauer(2000): 227쪽; Christa Holtei & Tilman Michalski(2005): 168쪽.

66) Christa Holtei & Tilman Michalski(2005): 169쪽에서는 16세기에 벌써 횃불을 든 행렬이 있었으며, 1886년 뒤셀도르프에서 처음으로 성 마르틴의 옷을 입은 사람이 앞서가고, 그 뒤를 초롱 행렬이 뒤따랐다고 한다.

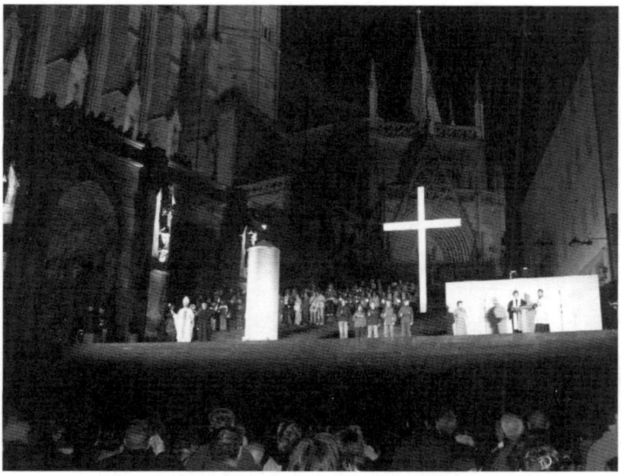

에어푸르트 돔의 성마르틴의 날 예배

그런데 독일의 에어푸르트(Erfurt)라는 도시에서는 이 행사를 11월 10일에 거행한다. 필자는 2005년 11월 10일에 이 행사에 참여한 적이 있다. 유독 에어푸르트에서는 11월 10일에 행사를 거행하는 이유가 이날이 바로 마르틴 루터의 생일이기 때문이다. 에어푸르트에서는 그러니까 11월 10일 저녁에 마르틴 루터와 성 마르틴을 함께 기리고 있다. 필자는 2005년 11월 10일의 감격스런 장면을 잊을 수가 없다. 초롱을 든 수많은 인파가 돔 광장을 가득 메웠고, 그들은 예배를 드린 후에 사회자의 지시에 따라 등을 높이 들고 흔들었다. 예배와 등을 높이 들고 흔드는 행사는 돔 광장에서 행해지지만 그 이전에 성자 마르틴과 마르틴 루터의 생애에 관한 연극이 펼쳐진다. 이 행사는 교회 뒤편에서 행해진다.

그 이후에 돔 광장으로 나와 예배를 드린다. 예배는 가톨릭과 개신교의 초교파적 예배이다. 물론 찬송가 중에는 585장 "내 주는 강한 성이요"를 부른다. 돔 광장을 가득 메운 등의 물결은 상상을 초월하는 거대한 빛이다. 세상을 비추는 등불이 되겠다는 다짐의 장이다. 세대를 이어 그 정신을 전하는 교육의 장이다. 독일에서 이 날의 의미는 어린 시절부터 가난한 이웃을 생각하는 날이다. 독일의 모든 어린이들은 보행기를 타는 시절부터 성 마르틴의 날 행사에 참여한다. 그들은 성 마르틴의 이웃 사랑의 이야기를 듣고, 그의 품행을 닮으려고 생각해보는 시간을 갖는다. 독일 교회에서 바자회를 구경한 적이 있다. 모든 교회에서 그렇게 하는지는 모르겠으나 11월 11일에 가까운 날에 바자회 행사를 가졌다.

**Ich geh mit meiner Laterne..**

| | |
|---|---|
| **1**. ll: Ich geh mit meiner Laterne | 나는 등을 들고 가고요 |
| und meine Laterne mit mir. | 내 등은 나와 함께 가지요. |
| Da oben leuchten die Sterne, | 저 위에서는 별들이 비추고 |
| und unten, da leuchten wir. :ll | 여기 아래에서는 우리들이 비춘다오. |
| | |
| \|: Mein Licht ist aus, | 내 등불이 꺼지고 |
| ich geh' nach Haus, | 나는 집으로 간다오. |
| rabimmel, rabammel, rabum. :\| | 라빔멜, 라밤멜, 라붐. |
| | |
| **2**. ll: Ich geh mit meiner Laterne | 나는 등을 들고 가고요 |
| und meine Laterne mit mir. | 내 등은 나와 함께 가지요. |
| Da oben leuchten die Sterne, | 저 위에서는 별들이 비추고 |
| und unten, da leuchten wir. :ll | 여기 아래에서는 우리들이 비춘다오. |

|: Ein Lichtermeer — 마르틴의 영광을 위한
zu Martins Ehr, — 빛의 바다
rabimmel, rabammel, rabum. :| 라빔멜, 라밤멜, 라붐.

**3**. Ich geh' mit meiner Laterne — 나는 등을 들고 가고요
und meine Laterne mit mir. — 내 등은 나와 함께 가지요.
Dort oben leuchten die Sterne, — 저 위에서는 별들이 비추고
und unten, da leuchten wir. — 나는 집으로 간다오.

|: Wie schön das klingt, — 모두가 노래한다면
wenn jeder singt, — 얼마나 아름다울까?
rabimmel, rabammel, rabum. :| 라빔멜, 라밤멜, 라붐

성 마르틴의 날에는 '마르틴의 뿔(Martinshörnchen)'이라는 과자를 먹는다. 그런데 에어푸르트의 돔 광장에서 팔고 있는 '마르틴의 뿔'은 전혀 뿔 모양이 아니다. 그냥 평범한 딸기, 자두 등의 고명이 든 케이크이

마르틴의 뿔

다. 그 중에서 자두(Pflaumen)가 든 것이 특히 맛이 있다.

### 2) 대림절/대강절(Advent) 풍습

대림절을 의미하는 독일어 'Advent'는 라틴어 'Adventus(도착)'에서 왔다고 한다. 위키피디어에 따르면 원래는 'Adventus Domini(주님의 강림)'이었다고 한다. 교회 달력으로 한 해의 시작은 서방의 가톨릭이나 개신교가 모두 첫 번째 대림절 주일과 더불어 시작된다. 대림절 시작일은 12월 25일 이전 일요일까지 4주간이다. 그러므로 2016년처럼 12월 25일이 주일이면 12월 25일 주일은 포함되지 않고, 그 이전 4주간이다. 11월 27일부터 대림절은 시작된다. 대림절 기간의 교회의 제의적 색은 보라색이다. 이는 부활절 이전 고난 주간의 색과 마찬가지이다. 금식하고 참회하고 기도하는 기간이다. 따라서 예전에는 고난주간과 마찬가지로 춤을 추거나 결혼하는 것을 금지하였다고 한다.[67] 대림절 기간 중 특별한 풍습은 무엇보다도 대림절 화환(Adventskranz), 대림절 달력(Adventskalender), 그리고 우리 개신교도들에게는 잘 알려지지 않은 성 니콜라우스의 날 풍습, 그리고 성탄절 트리 장식이다. 이전에 약 40일간 예수님 오시길 기다리는 풍습은 826년 아헨 교회 총회에서 4주간 대림절 기간으로 기간이 단축되었고, 16세기에 트리엔트 종교회의에 따라 전체 교회에 규정화되었다고 한다.[68]

---

67) Angelika Feilhauer(2000): 235쪽.

68) Franziska Schneider-Stotzer(2001): 19쪽.

가) 대림절 화환(Adventskranz)

그 의미는 예수그리스도와 함께 이 세상에 빛이 들어오게 됨을 상징한다. 대림절 화환은 함부르크 고아원에서 요한 힌리히 비헤른(Johann Hinrich Wichern, 1808~1881) 목사님이 기도실에서 아이들을 위하여 24개의 양초가 달린 나무 샹들리에를 걸어놓은 것에서 유래한다고 한다. 그는 1838년 처음으로 대림절 화환에 불을 붙였다.[69] 당시 20개는 붉은 색의 작은 양초이었고, 4개는 주일을 상징하는 굵은 양초인데 흰색이었다. 요즈음은 푸른 전나무 가지를 둥글게 엮어, 그 사이 사이에 네 개의 양초를 넣어 화환을 만든다. 푸른 가지를 둥글게 엮은 것은 불행을 막는 역할을 한다. 1860년 경에는 푸른 전나무 가지로 둥글게 엮고 양초를 네 개만 사용하는 모양이 되었다고 한다.[70] 이 풍습이 천천히 특히 개신교도 가정을 중심으로 퍼져서 1차 세계대전 이후에는 남독과 유럽으로 퍼졌고 20세기 중엽에는 대림절 기간의 일반적 상징으로 되었다. 가톨릭에서도 주저하면서 받아들였다. 양초의 색은 일반적으로 붉은 색이나, 가끔은 자주색 양초 3개에 핑크빛 양초 하나로 만든다. 핑크빛 양초는 세 번째 주일에 불을 붙인다. 첫 번째 대림절 주일에는 양초 하나에 불을 붙이고, 두 번째 대림절 주일에는 양초 2개에, 그리하여 마지막 대림절 주일에는 네 개의 양초 모두에 불을 붙이다.

대림절 기간의 네 주일을 서로 다르게 구별하기 위하여 서로 다른

69) Christa Holtei & Tilman Michalski(2005): 176쪽.

70) Anke Fischer(2004): Feste und Bräuche in Deutschland. 90쪽.

색의 양초를 사용하기도 한다. 첫 대림절 주일은 붉은 색( der eiserne Sonntag 쇠의 대림주일), 두 번째 대림절 주일은 초록색(der kupferne Sonntag 동의 대림주일), 세 번째 대림절 주일은 푸른색(der silberne Sonntag 은의 대림주일), 그리고 마지막 대림절 주일은 노란색(der goldene Sonntag 금의 대림주일) 양초를 사용한다.[71]

나) 대림절 달력(Adventskalender)

유래는 부정확하다. 19세기 혹은 20세기로 본다. 1903년 뮌헨의 게르하르트 랑 출판사가 성탄절 달력을 시장에 내놓았다고 한다. 대림절 달력은 1920년에 열 수 있는 문을 가진 대림절 달력이 나오고, 1946년부터 전 세계로 퍼져나가게 되었다. 1958년부터 쵸콜릿이 들어 있는 대림절 달력이 나왔다.[72] 대림절 달력은 12월 1일부터 12월 24일까지이다. 성탄절을 기다리는 시간이자 금식기간을 보다 즐겁게 하기 위한 놀이이다.

### 3) 니콜라우스의 날(Nikolaustag; Nikolaus von Myra 〈터키 Demre〉)

12월 25일 성탄절 날 아침에 기독교 집안에서 자란 아이들은 눈을 떴을 때 성탄트리 쪽으로 달려간다. 밤새 굴뚝을 타고 내려온 산타클로스 할아버지가 그들을 위해 무슨 선물을 두고 갔을까를 궁금해 하면서 말이다. 아이들이 점점 커 가면 선물을 두고 간 분은 산타클로스 할아버지가 아니라 부모님이라는 것을 깨닫는다. 하지만 아이들은 어

---

71) Franziska Schneider-Stotzer(2001): 30쪽.

72) Christa Holtei & Tilman Michalski(2005): 178쪽.

른스럽게 산타클로스 할아버지가 자신들을 위해 선물을 놓고 갔다는 부모님의 말씀에 모른 척 하고 속아준다.

필자가 1999년 독일 하이델베르크에서 연구년을 보냈다. 당시 하이델베르크 대학의 총장님께서는 객원 교수님들과 박사과정의 유학생 가정을 성탄절 파티에 초대했다. 그날은 12월 6일이었다. 파티 장에 간 나는 두 가지 사실에 놀랐다. 하나는 성탄절 기간에 어린이들에게 선물을 나누어주는 날은 아이들이 잠든 12월 24일 밤이 아니라 전통적으로 12월 6일이었다는 사실이었고, 다른 하나는 선물을 나눠주는 분이 필자가 알고 있었던 빨간 옷과 빨간 고깔모자를 쓴 산타클로스 할아버지가 아니라 대주교 모자와 지팡이, 그리고 선행한 아이들의 명부를 들고 있는 주교라는 점이었다. 그리고 그것이 종교개혁 이후에 12월 24일로 옮겨졌다. 유감스럽게도 필자는 1999년 12월 6일까지는 교회에서나 학교에서 그런 사실을 듣고 배운 바가 전혀 없었다.

12월 6일은 성 니콜라우스 폰 뮈라(St. Nikolaus von Myra)의 축일이다. 270년 항구도시 파타라에서 태어난 그는 뮈라의 주교였으며, 정확하지는 않지만 전해오는 바로는 그는 19살에 뮈라의 주교였던 아저씨 니콜라우스에 의해 사제 서품을 받았다. 부모님이 흑사병으로 사망하자 상속받은 재산을 가난한 사람들에게 나눠주었다. 그들에게 창문을 통하여 몰래 돈을 던져주기도 했다. 굴뚝을 통하여 그 안에 걸어둔 양말에 돈을 던져 넣기도 했다. 충분한 지참금을 마련해 주어 아버지가 딸을 창녀로 넘기는 것을 막았으며, 342년 12월 6일에 사망했다고 한다.[73] 그 때문에

73) Anke Fischer(2004): 94쪽. 다른 책에서는 사망 연대를 다르게 보고 있다.

니콜라우스는 좋은 선물을 주는 사람, 어린이들의 친구로 간주되었다. 아주 오래된 버전의 전설은 그가 양친의 돈을 훔쳤다고 하는 설도 있다. 아저씨가 돌아가신 후에는 성지 순례를 하였고, 돌아오자 뮈라 교구에서는 그를 새로운 주교로 선출했다고 한다.

니콜라우스 경배는 6세기 중엽에 시작되었고, 그리스와 슬라브 지역에 퍼졌다. 로마에서는 8세기에 그에 대한 경배 사상이 들어왔다. 1087년 축복을 받으려는 심정에서 이탈리아 상인들이 그 성자의 유골을 훔쳐서 남 이탈리아 바리로 가져갔다. 바리에서 니콜라우스 경배 사상이 서양으로 퍼졌다. 독일은 쾰른과 트리어가 니콜라우스 경배의 중심지로 되었다. 13세기에는 12월 6일이 최고 축일 중의 하나였다. 14세기에는 주교놀이 풍습이 수도원 학교에서 생겨났다. 그 놀이는 죄없는 어린이가 주교 역할을 하는 놀이라고 한다. 그때 니콜라우스가 어린이들에게 선물을 주는 풍습이 생겨났고, 1555년 이래로 니콜라우스는 어린이들에게 선물을 주는 사람으로 알려져 있다. 17세기 이래로 여러 나라에서 어린이에게 선물을 주는 선한 니콜라우스에 반대되는 역할을 하는 자를 주교 옆에 세우게 되었다. 독일에서는 그를 종 루프레히트(Ruprecht)라 하고, 프랑스에서는 페르 퓌타르(Père Fouettard), 스위스에서는 슈뭇츨리(Schmutzli), 오스트리아와 바이에른 지역에서는 크람푸스(Krampus)이다. 염소의 발, 악마의 얼굴, 밧줄을 들고 다니며 착한 일을 하지 못한 어린이들을 겁준다. 아무튼 선물을 나누어주는 날은 원래 12월 6일이었다. 몇몇 나라에서는 오늘날에도 그러하다. 15세기부터 종이로 배를 접는 풍습이 있었다. 그 배 안에 니콜라우스가 선물을 넣어주었다. 니콜라우스 배가 나중에 장화와 신발, 스타킹으로 바뀌었다. 12월 5일 밤, 즉 니콜나우스 전야(Nikolausabend)에 아이들이 문 앞에 이걸 걸어두면 니콜라우스가 밤 사이에 그 안을 채워 넣고 간다. 이런 풍습은 밤에 니콜라우스 주교로부터 선물을 받은 세 처녀의 전설에 근거한다. 마르틴 루터는 1527년 니콜라우스 축일 설교에서 니콜라우스 전설을 거부했다.[74] 가톨릭계의 니콜라우스 숭배에 대해서 그가 저항했음에도 불구하고 한동안 니콜라우스를 예수님과 더불어 그의 가정에서 허용하였다고 한다. 1535년 가계지출을 보면 루터와 부인 카타리나가 돌본 어린이들에게 준 135개의 니콜라우스 선물 비용이 있다고 한다. 루터는 12월 6일 니콜라우스의 날 풍습에 수미일관하게 반대해 왔으며, 선물은 아기 예수를 통해 12월 25일에 준다는 것을 살리기 위해 애썼다. 그 이래로 많은 지역에서, 심지어 가톨릭 지역에서도 선물을 주는 행사가 성탄절로 옮기게 되었다.

이와는 달리 흰 수염을 달고 붉은 외투를 걸치고 성탄절 이브에 아이들에게 선물을 나눠주는 산타클로스는 네덜란드의 신터클라스(Sinterklaas)가 기원이다. 이 전통을 네덜란드에서 미국으로 이주한 자들이 미국으로 전했다. 그래서 우리가 잘 알고 있는 '산타 클로스(Santa Claus)'라는 이름으로 알려지게 되었다. 1863년 1월 3일 하퍼스 위클리(Harper's Weekly) 지에 커리커쳐 토마스 나스트(Thomas Nast)의 최초의 산타클로스 할아버지가 실렸다. 군인들에게 선물을 나눠주는 산타클로스이다. 1880년 이후에 빨간 망토를 걸치게 되었고, 1920년대에 코카콜라 회사가 그들 회사의 색이자 우리에게 익숙한 빨간 망토의 산타

74) https://www.heiligenlexikon.de/BiographienN/Nikolaus_von_Myra.htm

클로스 옷을 입혀 광고하였다.[75)]

스위스 프리부르(Fribourg)에서는 12월 첫 번째 토요일에 니콜라우스 축제가 벌어진다. 속설에는 성 니콜라우스의 축일에 비가 오면 그해는 아주 추운 겨울이 다가온다는 말이 있다.

### 4) 성탄절 트리 장식

기독교가 들어오기 전에 게르만인들은 겨울에 집에 푸른 나뭇가지를 들여다 놓았다고 한다. 이는 자연의 성장을 되살리고, 죽음의 악령을 쫓기 위해서였다. 중세에도 농부들은 마당 우물가에 사시사철 푸른 나무를 걸어두었다. 악령을 멀리하기 위해서였다. 집과 교회에서는 대림절 기간부터 2월 2일까지 푸른 가지로 장식했다. 거기에 사과나 구운 과자를 걸어두었다. 성탄 트리는 1605년에 처음 언급되나, 엘사스에서는 상록수 나무를 세워두는 것이 13세기부터 전승되어오고 있다.[76)] 그런데 일반적으로 성탄트리는 19세기에 독일에서 시작되어 전 세계로 퍼진 것으로 알려져 있다.[77)]

---

75) http://www.coca-cola-deutschland.de/stories/der-geheimnisvolle-santa-claus-mythen-und-kuriose-geschichten

76) Franziska Schneider-Stotzer(2001): 94쪽; 그런데 Christa Holtei & Tilman Michalski(2005): 196쪽에서는 1535년 엘사스에서 처음으로 어린 상록수 나무가 팔렸고, 1597년 브레멘의 수공업 조합에서 처음으로 성탄트리를 세웠으며, 1800년부터 성탄트리가 점점 더 많이 세워지게 되었다고 기록하고 있다.

77) 다른 한편 유대인들은 성탄 트리가 하누카 등불이 진화하여 되었다고 주장한다. http://www.dorsten-transparent.de/2013/11/weihnukka-markt-im-judischen-museum-ein-erfundenes-wort-fur-die-lichterfeste-weihnachten-und-chanukka-in-christlich-judischen-familien/ 참고.

베를린 KDW의 성탄트리

오늘날 독일에서는 성탄트리를 만들 때 플라스틱으로 된 조화 트리는 사용하지 않는다. 시장에 가서 갓 베어낸 전나무를 산다. 그것을 그물에 넣어 나르기 좋게 포장해 준다. 우리는 인조 나무를 사용하기 때문에 성탄절 오래 전에 성탄 트리를 세우지만, 독일에서는 생나무를 사용하기 때문에 12월 24일 집으로 가져간다. 그래서 해마다 성탄절이면 성탄절 트리를 위한 전나무 산업에 대해서 신문에 기사가 오른다. 2012년에 난 기사를 보면 그해 2,920만 그루가 팔렸다고 한다.[78] 필자가 2005년 자이펜(Seiffen)에 간 적이 있는데, 산 중턱의 밭이 온통 전나무 묘목밭이었다. 일반적으로 방 안에 성탄트리를 장식한다. 나무의 밑둥을 밴 상태이기 때문에 '성탄트리 받침대(Weihnachtsbaumständer)'를 사용한다. 요즘은 다양한 받침대가 있다. 아이들을 놀라게 하기 위

78) http://www.bild.de/geld/wirtschaft/weihnachtsbaum/deutsche-kaufen-29-2-mio-tannen-und-co-27736940.bild.html

해서 장식하는 동안에 문을 닫아 놓고 한다. 불을 밝힌 후에 종을 울려 식구들을 모은다. 모두 성탄트리 주변에 모인다. 그들은 가족에게 줄 선물은 성탄트리 아래에 둔다. 그들이 성탄절 노래를 부르거나 시를 낭독한 후에 선물을 풀어본다. 성탄트리는 개신교의 경우 1월 6일까지, 가톨릭의 경우 2월 2일까지 세워둔다.[79] 성탄트리에 사용한 나무를 버릴 때에는 나무 가지를 독일에서는 가로수 밑에 갖다 놓으면 수거하는 청소차가 와서 싣고 가거나 즉석에서 트럭 안에 있는 분쇄기에 넣는다.

### 5) 성탄절 시장

대림절 기간 동안에 유럽에서는 성탄절 시장이 열린다. 우리로서는 명절 대목장에 해당한다. 독일에서 가장 유명한 곳은 드레스덴과 뉘른

드레스덴 슈트리첼마르크트

79) http://www.brauchwiki.de/Christbaum.

베르크이다. 하지만 드레스덴이 독일에서 문헌상의 기록으로는 가장 오래된 성탄시장이다. 드레스덴의 성탄시장은 2019년으로 585회를 맞는 슈트리첼마르크트(Striezelmarkt)이다. 여기서는 특히 슈톨렌 축제(Stollenfest)가 유명하다. 우리가 추석에는 송편을 먹고, 설에는 떡국이나 강정을 해 먹듯이 슈톨렌이란 독일인들이 성탄절에 먹는 케이크이다. 문헌상에 드레스덴의 크리스트슈톨렌은 1474년에 처음 언급된다고 한다. 그런데 원래 그것은 성탄절 전 금식기간에 먹도록 허용된 음식이었다고 한다. 그 당시에는 오로지 물과 밀가루와 효모만 사용했다고 한다. 15세기까지는 그러했다. 선제후 에른스트 폰 작센과 그의 형제 알브레히트가 교황 이노센트 8세에게 슈톨렌에 버터를 넣는 것을 금지하는 것을 철회해주도록 요청했다고 한다.[80] 1491년 이것이 받아들여진 이후로 슈톨렌이 맛을 내기 시작했다. 요즘은 다양한 방식으로 지역 고유의 슈톨렌이 만들어진다. 우유, 건포도, 레몬, 아몬드가 들어간다.

베를린 잔다멘마르크트의 성탄시장

80) http://www.dresdnerstollen.com/de/dresdner-christstollen

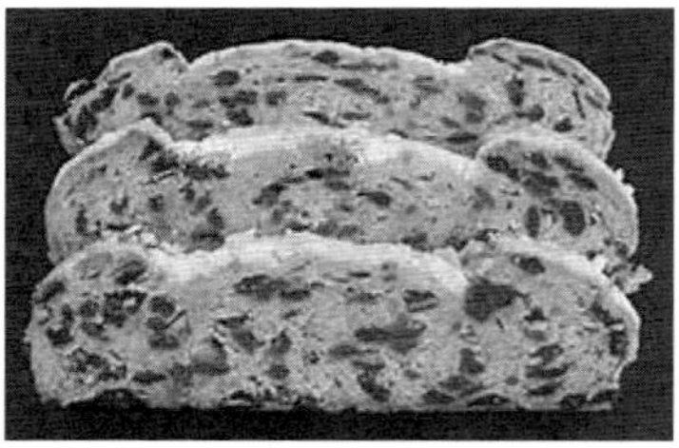
슈톨렌 케이크

심지어 '몬 슈톨렌(Mohnstollen)'이라 하여 양귀비 씨앗이 들어가는 슈톨렌도 있고, '침트 슈톨렌(Zimtstollen)'이라 하여 계피가 들어가는 슈톨렌도 있다. 드레스덴에서는 '슈톨렌 축제(Stollenfest)'가 특히 유명하다. 1730년 이 축제에서 아우구스트 데어 슈타르케가 무게가 1.8톤이나 되는 거대한 슈톨렌을 큰 칼로 잘랐다. 드레스덴에서는 매년 두 번째 대림절 주일 전날 토요일에 이 축제를 개최한다. 3톤이나 되는 큰 슈톨렌을 길이가 1.2미터, 무게가 12킬로그램 나가는 칼로 자르는 행사이다. 첫 조각을 시장이 먼저 맛을 본다. 예전에는 가난한 사람들에게 나눠주었는데, 지금은 그것을 팔아서 선한 일에 쓰는 모양이다. 드레스덴 성탄시장에서는 특히 작센 주에 있는 에르츠게비르게(Erzgebirge) 산 성탄절 목제 용품들을 팔고 있다.

뉘른베르크의 성탄시장 '킨들레스마르크트(Kindlesmarkt)는 아무튼 독일인들에게 아주 특색 있는 성탄시장으로 알려져 있다. 게다가 다양한 종류의 레브쿠헨이 팔린다. 뉘른베르크 시는 그런 자부심을 갖고 심지어 어린이를 위한 성탄시장을 별도로 마련하고 있다. 성탄시장의 지붕 위에는 독일 특유의 장난감 인형들이 움직인다.

성탄절 용품에 대해서 말하자면 로텐부르크(Rothenburg ob der Tauber)의 케테 볼파르트(Käthe Wohlfahrt)를 빼놓을 수 없다. 화려하기로 말하자면 그곳은 지구상에 있는 천국이다. 필자가 지금까지 본 곳 중에서 그보다 더 화려하게 장식된 곳은 없다. 그리고 그 가게의 탄생 역사는 필자에게 깊은 심금을 울려주었다.

빌헬름 볼파르트(Wilhelm Wohlfahrt)와 케테 볼파르트(Käthe Wohlfahrt) 부부가 있었다. 그들의 고향은 작센지역이었다. 그들이 슈투트가르트(Stuttgart)로 이사를 왔다. 1963년 성탄절 기간 중에 그들이 잘 아는 미국인들을 자기 집에 초대했다. 미국인들은 볼 파르트 부부 집에 있는 나무로 만든 장난감이 매우 마음에 들었다. 그래서 볼파르트 부부는 같은 물건을 새것으로 사서 선물하려고 했다. 그런데 성탄절이 끝난 이후라 파는 가게가 없었다. 다음해 2월에 도매상 한 곳을 발견했는데, 열 개들이 한 세트로 판다고 했다. 할 수 없이 한 세트를 샀다. 한 개는 미국 지인에게 선물하고 아홉 개는 미군부대로 가서 장교들의 숙소에 가서 팔려고 했다. 집집마다 문을 두드리며 방문 판매를 하려는데 헌병에게 들켰다. 그곳에서는 방문판매가 허용되지 않았다. 그런데 헌병이 그 물건을 보더니 미군 장교 부인들의 바자회에서 팔아보라고 했다. 주말마다 열리는 바자회에 남은 9개의 물건을 팔았다. 불티나게 팔렸다. 이제는 다른 성탄절 장난감까지 구입하여 팔았다. 드디어 성탄절 용품을 파는 가게를 하나 내기로 했습니다. 빌헬름 볼파르트는 컴퓨터 제조회사에 근무하고 있었기 때문에 부인의 이름으로 가게를 냈다. 1977년 로텐부르크로 이사를 갔다. 1991년부터 독자적 상품을 만들어 냈고, 2001년부터 성탄절박물관(Weihnachtsmuseum)이 그 가게 안에 들어섰다. 빌헬름 볼파르트는 2001년 5월 5일에 72세로 세상을 떠났다. 이제는 그의 아들 하랄트 볼파르트(Harald Wohlfahrt)가 운영하고 있다. 2014년에 회사 설립 50주년을 맞았다. 그런데 회사가 로텐부르크에만 있는 것이 아니다. 로텐부르크 외에 독일에 7곳, 프랑스,

미국, 영국, 벨기에 등 해외에도 지점을 개설하였다. 서두에서도 말했지만 케테 볼파르트는 사람이 꾸며놓은 곳 중에서 이 지구상에서 가장 화려한 곳이 아닐까 생각한다.

볼파르트 가문에 부흥을 가져온 목공예품을 생산하는 에르츠게비르게는 어떤 곳인가? 에르츠게비르게는 체코와 접경하고 있는 넓은 지역이다. 도대체 그 넓은 지역 중에 어디를 찾아가야 할까? 필자는 수소문 끝에 11월 10일 에어푸르트(Erfurt)에서 열리는 성 마르틴의 날 행사에 갔다가 돔 광장에서 에르츠게비르게 목공예품을 파는 가게에 들어가 아저씨에게 여쭈었더니 자이펜으로 가라고 하셨다. 2005년 12월 필자는 에르츠게비르게에 있는 자이펜으로 갔다. 자그마한 도시 중앙로(Hauptstraße) 변에 박물관은 비롯하여 약 50개의 목제용품 공장과 가게들이 늘어서 있고, 각 가게마다 전시된 성탄절 용품들은 관광객들의 혼을 빼 놓는다. 슈빕보겐(Schwibwogen)이라는 궁형 촛대가 창마다 놓여 있다. 특히 밤에는 창마다 새어나오는 불빛은 설원의 풍경 속에서 환상적이었다.

성탄절 유리창 장식 모습

성탄절 창가에 설치하는 궁형 촛대

## 종교개혁, 그리고 그레고리우스력

종교개혁 65년 후인 1582년에 교황 그레고리우스 13세는 율리우스력을 그레고리우스력으로 바꾸었다. 이유는 율리우스력이 실제의 1년의 길이보다 11분 14초가 길어서 128년마다 하루의 시차가 생겼기 때문이다. 1582년은 인류의 역사에서 10일이 사라진 해이다. 왜냐하면 그레고리우스력은 1582년 10월 4일 목요일 다음날을 10월 15일 금요일로 변경했다. 그런데 종교개혁으로 인한 신·구교의 갈등으로 개신교 지역에서는 율리우스력을 그레고리우스력으로 금방 바꾸지 않았다. 독일에서는 가톨릭 지역에서는 곧 변경했으나 개신교 지역에서는 나중에 개혁에 동참했다. 영국은 1752년 9월 2일 다음날을 9월 14일로, 러시아는 러시아 혁명 직후 1918년 1월 31일 다음날을 2월 14일로 하여 그레고리우스력을 채택하였다. 즉 2월 1일이 2월 14일이 된 것이다. 러시아 정교회에서 성탄절을 1월 7일에 지키는 이유는 바로 달력의 개혁 때문이다. 서방교회에서는 율리우스력을 그레고리우스력으로 바꿀 때에 성탄절은 여전히 12월 25일로 그대로 두었다. 그러나 동방교회에서는 12월 25일에 13일을 더하여 성탄절을 1월 7일로 변경하였다. 다음은 어떤 나라가 어느 해에 율리우스력에서 그레고리우스력으로 변경했는지를 보여준다.[81)]

| 변경 해 | 국가 | 삭제 일수 |
|---|---|---|
| 1582 | 프랑스 (대부분 지역), 이탈리아, 폴란드, 포르투갈, 스페인 | 10일 |
| 1583 | 오스트리아, 독일 (가톨릭 주), | 10일 |
| 1587 | 헝가리 | 10일 |
| 1610 | 독일 (프러시아), | 10일 |
| 1752 | 미국 (대부분 지역), 캐나다 (대부분 지역), 영국(과 식민지) | 11일 |
| 1872/1873 | 일본 | 12일 |
| 1916 | 불가리아 | 13일 |
| 1918 | 에스토니아, 러시아 | 13일 |
| 1923 | 그리스 | 13일 |
| 1926/1927 | 터키 | 13일 |

81) https://www.timeanddate.com/calendar/julian-gregorian-switch.html. 그런데 일부 국가의 경우 https://en.wikipedia.org/wiki/Pope_Gregory_XIII과 비교하면 차이가 있다.

도대체 성탄절이 왜 12월 25일로 정해지게 되었느냐 라는 질문에 대한 대답은 여러 가지 설이 있다. 하지만 가장 중요한 점은 "참 빛 곧 세상에 와서 각 사람에게 비추는 빛이 있었나니..."(요 1:9)라는 요한복음이 전하는 바와 같이 예수님께서는 어두움이 가장 긴 겨울밤 이 세상에 참 빛으로 오셨다는 사실이다.

# 평신도의 열왕기 읽기(미완성)[82)]

그때에 왕이 그의 손에 의지하는 자 곧 한 장관이
하나님의 사람에게 대답하여 이르되
'여호와께서 하늘에 창을 내신들
어찌 이런 일이 있으리요' 하더라
엘리사가 이르되
'네가 네 눈으로 보리라
그러나 그것을 먹지는 못하리라' 하니라

- 열왕기 하 7 : 2 -

## 복잡한 왕들의 계보: 어떻게 열왕기를 정리하게 되었나?

열왕기 상·하와 역대 상·하를 읽으면 재미있는 이야기도 있지만,

82) "미완성"이라 함은 다음 세 가지 이유에서이다.

첫째, 필자의 정리가 아직 완성 단계가 아님을 의미한다. 새로운 사실이 밝혀질 수도 있으며, 혹 정리를 추가할 수도 있고, 잘못된 정리가 있다면 수정할 수 있다. 특히 선지자에 대한 정리가 미완 단계이다.

둘째, 역사가들의 연대 정리가 학자에 따라 다르므로 미완의 상태이다. 왕들에 대한 집권연대가 사학자들마다 상이하다. 이것이 어떻게 통일될 날이 올지도 모른다.

셋째, 독자들께서 성경을 읽으시면서 본 도표에 추가하여 자료를 보완해 나가야 한다는 것을 의미한다. 각 왕들마다 갖고 있는 에피소드들이 생략되어 있다. 독자들께서 성경을 읽으시면서 은혜 받은 구절이나 중시하는 대목이 있으면 각자 다르게 추가하고 싶은 것을 추가하실 수 있다.

왕의 이름이 하도 복잡하여 그 왕들의 계보를 내 손으로 한 번 정리해 보고 싶었다. 성경에 북 이스라엘과 남 유다의 왕들의 이름만 나오면 메모하기 시작한 것이 20년이 훨씬 넘었다. 그러다 보니 성경을 읽는 즐거움보다는 성경 읽기가 싫어졌다. 성경을 통독하다가 열왕기가 시작되면 노이로제에 걸린 듯 읽는 속도가 느려지고, 만들고 있는 도표에 새로 발견한 내용을 삽입하려니 짜증도 났다. 그래도 굳이 보람을 꼽으라면 서로 다른 기록을 만날 때였다. 왕의 서로 다른 이름, 업적에 대한 서로 다른 기록, 서로 다른 즉위 연대가 발견되었다. 같은 왕이나 서로 다른 이름, 즉 동왕이명(同王異名)도 있었지만, 같은 이름이나 서로 다른 왕, 즉 이왕동명(異王同名)도 있었다. 긴 터널과도 같은 구약을 거쳐 드디어 마태복음의 예수 그리스도의 계보를 읽게 되었을 때, 필자가 정리한 도표와 비교하여 누락된 왕을 발견했을 때에 기쁨이 매우 컸다. 어느 왕이 빠졌는지 명확하게 확인되었기 때문이다.

열왕기를 정리하면서 보다 젊었을 때에 성경을 더 많이 읽었어야 했다고 후회하기도 했다. 이런저런 집필 계획을 갖고 있어서 그게 언제가 될지는 모르겠으나, 필자에게 관심이 있는 주제에 따라 성경을 나름대로 정리해 볼까 하는 생각도 하게 되었다. 성경 속에 나오는 재미있는 이야기에 살을 붙여 어린이를 위한 이야기책을 만들어볼까 하는 생각도 들었다. '평신도의 열왕기 읽기(미완성)'의 주제는 생뚱맞은 소리 같지만 "성경을 열심히 읽자"이다. 필자에게 하는 말이다. 성경을 읽다 보면 하나님께서 영감을 주실 것이고, 우리는 그냥 그의 도구로 사용되면 되는 것이다.

## 학자들 마다 서로 다른 왕들의 즉위 연대 및 재위 기간

필자가 정리한 열왕들의 연대기를 보기 전에 우선 학자들이 정리한 왕의 계보를 먼저 살펴보자. 솔로몬 왕 이후에 남 유다와 북 이스라엘로 나눠지나 르호보암과 여로보암 1세의 집권 연대부터 학자들 간에 차이가 있다. 유다의 왕 이름 중 대에 밑줄 친 왕들은 틸레(E. R. Thiele)가 경건한 왕으로 분류한 왕들이다.

| 대 | 왕 이름 | Th[83] | WM[84] | [85] | 대 | 왕 이름 | Th[86] | Al[87] | Ga[88] | [89] |
|---|---|---|---|---|---|---|---|---|---|---|
| 1 | 로호보암 | 930 | 931 | 926 | 1 | 여로보암 1세 | 931 | 922 | 931 | 926 |
| 2 | 아비얌 | 913 | 913 | 910 | 2 | 나답 | 910 | 901 | 909 | 907 |
| 3 | 아사 | 910 | 911 | 908 | 3 | 바아사 | 909 | 900 | 908 | 906 |
| 4 | 여호사밧 | 872 | 870 | 868 | 4 | 엘라 | 886 | 877 | 885 | 883 |
| 5 | 여호람 | 853 | 848 | 852 | 5 | 시므리 | 885 | 876 | 884 | 882 |
| 6 | 아하시야 | 841 | 841 | 845 | 6 | 디브니[90] | 885 | | | 882 |
| 7 | 아달랴 | 841 | 841 | 845 | 7 | 오므리 | 885 | 876 | 884 | 882 |
| 8 | 요아스 | 835 | 835 | 840 | 8 | 아합 | 874 | 869 | 873 | 871 |
| 9 | 아마샤 | 796 | 796 | 801 | 9 | 아하시야 | 853 | 850 | 852 | 852 |
| 10 | 아샤랴 | 792 | 792 | 787 | 10 | 여호람 | 852 | 849 | 851 | 851 |
| 11 | 요담 | 750 | 751 | 756 | 11 | 예후 | 841 | 842 | 842 | 845 |
| 12 | 아하스 | 735 | 735[91] | 741 | 12 | 여호아하스 | 814 | 815 | 819 | 818 |
| 13 | 히스기야 | 715 | 726 | 725 | 13 | 요아스 | 798 | 801 | 805 | 802 |
| 14 | 므낫세 | 696 | 697 | 696 | 14 | 여로보암 II | 793[92] | 786 | 790 | 787 |

| 15 | 아몬 | 642 | 642 | 641 | 15 | 스가랴 | 753 | 746 | 750 | 747 |
|---|---|---|---|---|---|---|---|---|---|---|
| 16 | 요시야 | 640 | 640 | 639 | 16 | 살룸 | 752 | 745 | 749 | 747 |
| 17 | 여호아하스 | 609 | 609 | 609 | 17 | 므나헴 | 752 | 745 | 749 | 747 |
| 18 | 엘리야김 | 609 | 609 | 608 | 18 | 브가히야 | 742 | 738 | 738 | 737 |
| 19 | 여호야긴 | 598 | 598 | 598 | 19 | 베가 | 740[93] | 737 | 736 | 735 |
| 20 | 시드기야 | 597 | 597 | 597 | 20 | 호세아 | 732 | 732 | 732 | 731 |
| | 유다 멸망 | 586 | 586 | 587 | | 이스라엘 멸망 | 722 | 722 | 722 | 722 |
| Th: **Thiele**, **W**M: Werner Mücher, Al: **Albright**, Ga: **Gali** | | | | | | | | | | |

83) http://www.theologische-links.de/downloads/israel/Liste_der_Koenige_Israels.xls

84) Werner Mücher: http://www.christen-in-gummersbach.de/wp-content/uploads/2013/05/Koenige-von-Israel-und-Juda.pdf

85) http://www.einzigartiges-israel.de/html/222-koenige-israels.html

86) Werner Mücher: http://www.christen-in-gummersbach.de/wp-content/uploads/2013/05/Koenige-von-Israel-und-Juda.pdf

87) https://de.wikipedia.org/wiki/Liste_der_K%C3%B6nige_Israels에서 재인용.

88) https://de.wikipedia.org/wiki/Liste_der_K%C3%B6nige_Israels에서 재인용.

89) http://www.einzigartiges-israel.de/html/222-koenige-israels.html

90) W. Mücher는 5년(885~880), 다른 이는 3년(886~883), 혹은 4년간 집권한 것으로 보기도 한다. 어떤 이는 북 이스라엘 왕의 계보에서 빼는 경우도 있다.

91) Werner Mücher: 또한 (B.C.742~726)

92) Werner Mücher: B.C. 793년

93) Werner Mücher: B.C. 740~732(752~732)

## 유다/이스라엘 열왕기 대조표[94]

| 대 | 왕 이름 | 즉위 | 나이/기간(년) |
|---|---|---|---|
| **1**<br>931 | 로호보암 | | 41/17 |
| **2**[95]<br>913 | 아비얌 | 여로보암 18년 | /3 |
| **3**<br>911 | 아사<br>908-868 | 여로보암 20년 | /41 |
| **4**<br>870 | 여호사밧<br>868-847 | 아합 4년 | 35/25 |
| **5**<br>848 | 여호람 | 요람 5년 | 32/8 |
| **6**<br>841 | 아하시야 | 요람 12년<br>요람 11년 | 22/1<br>~~42/1~~ |
| **7**<br>841 | 아달랴 | (예후) | /6 |

| 대 | 왕 이름 | 즉위 | 나이/기간(년) |
|---|---|---|---|
| **1**<br>**931** | 여로보암<br>1세 | | |
| **2**<br>**910** | 나답 | 아사 2년 | /2 |
| **3**<br>**909** | 바아사 | 아사 3년 | /24 |
| **4**<br>**886** | 엘라 | 아사 26년 | /2 |
| **5**<br>**885** | 시므리 | 아사 27년 | /7일 |
| 6 | 디브니 | | |
| **7**<br>**885** | 오므리 | 아사 31년 | /12년 |
| **8**<br>**874** | 아합 | 아사 38년 | /22년 |
| **9**<br>**853** | 아하시야 | 여호사밧 17년 | /2년 |
| **10**<br>**852** | 여호람<br>요람 | 여호사밧 18년<br>~~여호람 2년~~ | /12년 |
| **11**<br>**841** | 예후 | | /28년 |

94) 즉위 연대는 틸레(Edwin R. Thiele)에 따름.

95) 선한 왕의 분류는 E. R. Thiele에 따랐다. 그는 유다왕국 1대 왕 르호보암과 8대 왕 요아스의 경우 후기에는 이탈한 왕으로 보고 있다.

| **8**<br>835 | 요아스 | 예후 7년 | 7/40 |
|---|---|---|---|
| 9<br>796-797 | 아마샤<br>801-787 | 요아스 2년 | 25/29 |
| 10<br>792-740 | 아샤랴<br>787-736 | 여로보암 27년 | 16/52 |
| 11<br>751-735 | 요담 | 베가 2년 | 25/16<br>**25/2** |
| **12**<br>735-716 | 아하스<br>742-726 | 베가 17년 | 20/16 |
| 13<br>726 | 히스기야<br>726-697 | 호세아 3년 | 25/29 |
| **14**<br>697 | 므낫세 | 12세 | /55 |
| **15**<br>642 | 아몬 | 22세 | /2 |
| 16<br>640 | 요시야<br>639-609 | 8세 | /31 |
| **17**<br>609 | 여호아하스 | 23세 | /3개월 |

| **12**<br>**814** | 여호아하스 | 요아스 23년 | /17년 |
|---|---|---|---|
| **13**<br>**798** | 요아스 | 요아스 37년 | /16년 |
| **14**<br>**782** | 여로보암 II<br>793-753 | 아마샤 15년 | /41년 |
| **15**<br>**753** | 스가랴 | 아샤라 38년 | /6개월 |
| **16**<br>**752** | 살룸 | 웃시야 39년 | /1개월 |
| **17**<br>**752** | 므나헴 | 아샤랴 39년 | /10년 |
| **18**<br>**742** | 브가히야 | 아샤랴 50년 | /2년 |
| **19**<br>**740** | 베가<br>752-732 | 아샤랴 52년 | /20년 |
| **20**<br>**732-722** | 호세아 | 아하스 12년<br>~~요담 20년~~ | /9년 |

96) http://www.christen-in-gummersbach.de/wp-content/uploads/2013/05/Koenige-von-Israel-und-Juda.pdf

97) http://www.christen-in-gummersbach.de/wp-content/uploads/2013/05/Koenige-

| **18**<br>609 | 엘리야김 | 25세 | /11 | | | | |
|---|---|---|---|---|---|---|---|
| **19**<br>598 | 여호야긴 | 18세<br>8세 | /3개월<br>/ 3 개 월<br>10일 | | | | |
| **20**<br>597-<br>586 | 시드기야 | 21세 | /11 | | | | |

## 유다/이스라엘 열왕기 성경 발췌 내용[98)]

| 유다[99)] | 이스라엘[100)] |
|---|---|
| (솔로몬 40년 집권)<br>1. 르호보암(왕상 11:43, 대상3:10)(B.C. 931~913)<br>* 41세 즉위(왕상14:21/대하12:13)<br>* 치리기간: 17년(왕상14:21/대하12:13)<br>* 어머니: 암몬사람 나아마(왕상14:21/왕상14: 31/대하12:13)<br>* 세겜에서 예루살렘으로 피신, 도읍(왕상12:1/ 21/왕상14:21)<br>* 선지자: 스마야(왕상12:22)<br>* 묘지: 열조와 함께 다윗성(왕상14:31) | 1. 여로보암 I세(931~910)<br>* 에브라임 족속인 스레다 사람(왕상11:26)<br>* 솔로몬의 신복 느밧의 아들(왕상11:26)<br>* 어머니: 스루아니 과부(왕상 11:26)<br>* 세겜(왕상12:20, 25)-부느엘(왕상12: 25)[101)]<br>* 선지자: 실로사람 아히야<br>유다출신 무명 예언자 |

von-Israel-und-Juda.pdf

98) 여기에 성경의 모든 출처를 옮겨놓지 못했다. 관심이 있는 독자는 http://bible.godpia.com/index.asp 으로 들어가서 왕의 이름을 입력하여 성경검색을 시도하면 더 많은 출처를 얻을 수 있다.

99) http://www.christen-in-gummersbach.de/wp-content/uploads/2013/05/Koenige-von-Israel-und-Juda.pdf

100) https://de.wikipedia.org/wiki/Liste_der_K%C3%B6nige_Israels 내용 중에서 Edwin R. Thiele의 연대를 취함.

101) 세겜과 부느엘은 이스라엘 도읍지임.

| | |
|---|---|
| 2. 아비얌(왕상14:31/왕상15:1)(B.C. 913~911)<br>* 이명: 아비야(대상3:10/대하13:1/마태 1:7)<br>* 즉위: 여로보암 18년(왕상15:1)(대하 13:1)<br>* 치리기간: 3년(왕상15:2)(대하13:2)<br>* 어머니: 아비살롬의 딸 마아가(왕상15:2)<br>기브아 사람 우리엘의 딸 미가야 (대하13:2)<br>* 특기: 이 때 여로보암이 강성하지 못함 (대13:20)-이유: 여호와를 의지함(대하 13:18)<br>아내 14, 아들 22, 딸 16(대하13:21)<br>* 묘지: 다윗성(왕상15:8) | |
| 3. 아사(왕상15:8/대상3:10)(911~870)<br>* 즉위: 여로보암 20년(왕상15:9)<br>* 치리기간: 41년(왕상15:10/대하16:13)<br>* 아사왕의 어머니 마아가(왕상15:10/왕상 15:13/대하15:16)1)<br>* 특기: -10년 평안-이유: 이방제단, 산당, 주상훼파(114:3), 여호와를 구하여 율법과 명령을 행함(대하14:4)<br>* 모친 마아가가 아세라 목상 만듦-태후의 위를 폐함(대하15:16)<br>-35년까지 전쟁 없음(대하·15:19)<br>-36년 이스라엘왕 바아사의 라마건축.<br>* 아람왕 벤하닷으로 이스라엘 치게 함(대하16:1)<br>-제39년 발이 병듦-의원에게 구함(대하 16:12)<br>* 선지자: 오뎃의 아들 아사랴(대하15:1-7)<br>* 선견자: 하나니(대하16:7)-옥에 갇힘<br>* 묘지: 다윗성(왕상15:24/대하16:14)<br>각양 향재료를 가득히 채운 상. 많이 분향 | 2. 나답(왕상14:20)(910~909)<br>* 즉위 연도: 아사2년(왕상15:25)<br>* 치리 기간: 2년(왕상15:25)<br><br>3. 바아사(909~886)<br>* 잇사갈 족 아히야의 아들로서 모반으로 왕이됨(왕상15:28)<br>* 즉위 연도: 아사3년(왕상15:28/33)<br>* 치리 기간: 24년(왕상15:33)<br>* 선지자: 하나님의 아들 예후<br>* 디르사 천도(왕상15:21/왕상15:33),<br>* 디르사에 장사<br><br>4. 엘라(왕상16:6)(886~885)<br>* 즉위 연도: 아사26년(왕상16:8)<br>* 치리 기간: 2년(왕상16:8)<br><br>5. 시므리(885~)<br>* 군대장관으로 모반<br>* 즉위 연도: 아사 27년(왕상16:10/15)<br>* 치리 기간: 디르사에서 7일(왕상16:15)<br><br>6. 디브니(885~)[102)] (왕상 16:21) |

4. 여호사밧(왕상15:24/대상3:10/대하17:1) (870~845)

* 즉위: 아합4년(왕상22:41)
* 즉위 나이: 35세(왕상22:42/대하20:31)
* 치리기간: 25년(왕상22:42/대하20:31)
* 모친: 아수바. 실히의 딸(왕상 22:42/대하20:31)
* 선지자: 오바댜, 스가랴(대하17:7 ?)
  미가야(18:7-)
  스가랴의 아들 야하시엘(대하20:14)
* 선견자: 하나니의 아들 예후(대하19:2)
* 묘지: 다윗성에 그 열조와 함께(왕상22:50)
* 특기: -나중에 심히 악한 이스라엘왕 아하시야와 교제(대하20:35)
  -다시스행 배를 파함(대하 20:37)
* 아들: 여호람의 아내로 아합의 딸 아달랴와 혼인(대하 18:1/대하21:6)

5. 여호람(왕상22:50/왕하8:16/대하21:1)=요람(왕하11:2/대상3:11/마태1:8) (848~841)

* 즉위연도: 요람 제5년(왕하8;16)
* 즉위나이: 32세(왕하8:17/대하21:5/대하21:20)
* 치리기간: 8년(왕하8:17/대하21:5/대하21:20)

7. 오므리(885~874)

* 백성이 시므리 모반, 군대장관(왕상16:16) 오므리를 왕으로 옹립.
* 즉위연도: 아사 31년(왕상16:23)
* 치리기간: 12년(왕상16:23)
  (디르사에서 6년치리<왕상16:23>, 이후 사마리아성 건축<왕상16:24>, 도읍

8. 아합(왕상16:28)(874~853)

* 오므리 아들(왕상 16:29)
* 즉위 연도: 아사 38년
* 치리 기간: 사마리아에서 22년(왕상16:29)
* 아내: 시돈사람 엣바알의 딸 이세벨
* 선지자: 디셉사람 엘리야(왕상17장)
  이믈라의 아들 미가야(길르앗 라못 전투)
  그나아의 아들 시드기야(왕상22:11)
* 거짓 선지자

9. 아하시야(왕상 22:40, 51)(853~852)

* 즉위: 여호사밧 17년(왕상 22:51)
* 치리: 사마리아에서 2년(왕상22:51)
* 선지자: 사밧의 아들 엘리사(왕상19:16)
  -여호아하스시대까지(왕하13:21)
* 아들이 없음

10. 여호람(왕하3:1)=요람(852~841)

* 아합의 아들
* 즉위 연도: 여호사밧 18년(왕하3:1)
  ~~여호람 2년(왕하1:17): 오류인듯~~
* 치리: 사마리아에서 12년(왕하3:1)
* 선지자: 사밧의 아들 엘리사
* 특기: 아람왕 하사엘과 싸워 부상, 예후가 모반하여 이스르엘로 가서 활을 쏘아 염통을 뚫어죽임, 예후가 장관 빗갈에게 나봇의 밭에 던지라 명함(왕하9:14이하)

| | |
|---|---|
| * 아내: 아합의 딸(왕하8:18/대하21:6)<br>* 묘지: 다윗성(왕하8;24)<br>다윗성에 장사하였으나 열왕의 묘실에는 두지 아니함(대하21:20)<br>* 특기:-왕위에 오른 후 아우 몇을 칼로 죽임(대하21:4)<br>-창자가 중병들어 빠져나와 죽음 | |
| 6. 아하시야(왕하8:24/대상3:11)(841~)<br>여호람 왕의 막내 아들(대하21:17)<br>* 이명: 여호아하스(대하21:17)<br>* 즉위연도: 요람 12년(왕하8:25)<br>요람 11(왕하9:29)<br>* 즉위나이: 22세(왕하8:26)<br>~~42세(대하22:2)~~-오픈성경은 이것을 오류로 봄<br>* 치리기간: 1년(왕하8:26/대하22:2)<br>* 모친: 이스라엘왕 오므리의 손녀 아달랴(왕하8:26/대하22:2)<br>* 특기: -아버지 여호람의 죄악으로 아라비아사람이 쳐서 모든 형제가 죽고 말째 여호아하스만 남음(대하21:16-17/대하22:1)<br>-아하시야도 아합의 길로 행함(대하22:3)<br>-님시의 아들 예후가 잡아죽임(대하22:8) | 11. 예후(왕하9:1)(841~814)<br>* 엘리사의 제자가 예후를 골방으로 데려가 이스라엘의 왕으로 기름붓고 도망함(왕하9:1이하)<br>* 님시 손자 여호사밧의 아들<br>* 치리 기간: 28년(왕하10:36)<br>* 특기: 이스라엘왕 요람과 유다왕 아하시야 죽임, 사마리아의 아합아들 70인 죽임(왕하 10:1), 이스라엘왕 아하시야 형제 42인 죽임(왕하10:14), 바알 섬기는 자 몰살(왕하10:18) |
| 7. 아달랴(왕하11:1)(841~835)<br>* 아하시야의 모친, 오므리의 손녀<br>* 치리기간: 6년<br>* 특기: 유다집의 왕의 씨를 진멸, 그러나 아하시야의 아들 요아스는 못 죽임(대하22:10,11) | |
| 8. 요아스(대상3:11)(835~796)<br>* 아하시야의 아들(왕하11:2/ 대상3:11)<br>* 아하시야의 누이 여호세바(=여호사브앗 대하22:11)가 아달랴로부터 도피시킴 | 12. 여호아하스(814~798)<br>* 즉위 연도: 요아스 23년(왕하13:1)<br>* 치리 기간: 사마리아에서 17년(왕하13:1) |

(왕하11:2)
* 즉위연도: 예후 7년(왕하12:1)
* 즉위나이: 7세(왕하11:21/대하24:1)
* 치리기간: 40년(왕하12:1/대하24:1)
* 선지자: 엘리야(대하21:12)
* 모친: 브엘세바 사람 시비아(왕하12:1/대하24:1)
* 묘지: 다윗성에 열조와 함께(왕하12:21)
* 선지자: 여호야다의 아들 스가랴(대하24:20)
* 특기: -제사장 여호야다(여호사브앗의 남편 대하22:11/ 다윗성 열왕의 묘실 중에 장사 대하24:16)의 역할로 다윗의 자손을 왕으로 추대(대하23:3)
-법막을 위하여 정한 세 징수(대하24:6-10)
-여호와의 전 중수(대하24:12)
-선지자 스가랴 쳐 죽임(대하24:21)
-다윗성에는 장사했으나 열왕의 묘실에는 장사하지 않음(대하24:25)
-신복들(암몬 여인 시므앗의 아들 사밧과 모압 여인 시므릿의 아들 여호사밧, 대하24:26)의 모반

9. 아마샤(왕하14:1/대상3:12/대하24:27)(796~767)
* 요아스 아들(왕하 12:21)
* 즉위연도: 요아스 2년(왕하14:1)
* 즉위나이: 25세(왕하14:2/대하25:1)
* 치리기간: 29년(왕하14:2/대하25:1)
요아스 사후 15년간 생존(왕하14:17)
* 모친: 예루살렘사람 여호앗단(대하25:1)
* 묘지: 다윗성(왕하14;20)
* 특기: 무리가 저를 모반, 죽임(대하25:27)

13. 요아스(왕하13:10)(798~782)
* 즉위 연도: 요아스 37년(왕하13:10)
* 치리 기간:16년(왕하13:10)
* 사마리아에 장사(왕하13:13)
* 이 시절에 엘리사가 죽음(왕하13:14)
* 특기: - 아람왕에 의해 진멸당함(왕하13:14)
- 엘리사가 죽을 병들자 병문환(왕하 13:3이하)
- 아버지 여호아하스가 빼긴 성읍 회복, 벧세메스에서 아마샤 체포, 예루살렘 성 허물고 사람을 볼모로 잡아감(왕하14:13이하)

14. 여로보암 II(왕하12:13/왕하14:16)(793~753)
* 즉위 연도: 아마샤 15년(왕하14:23)
* 치리 기간: 41년(왕하14:23)
* 선지자: - 가드헤벨 아밋대의 아들 요나(왕하14:25)
- 호세아1:1[103]
- 드고아의 목자 중 아모스(아모스1:1)
* 특기: 하맛어귀에서 아라바 바다까지 이스라엘 지경회복(왕하14:25)-하나님의 구원하심(왕하14:27)

10. 아샤랴(왕하14:21/왕하15:1/대상3:12)=웃시야(왕하15:32/대하26:1/대하27:2/이사야1:1/호세야1:1/마태1:8)(792~740)
* 아마샤의 아들(왕하 14:21)
* 즉위연도: 여로보암 27년(왕하15:10
* 즉위나이: 16세(왕하14:21/왕하15:2/대하26:1,3)
* 치리기간: 52년(왕하15:2/대하26:3)
* 모친: 예루살렘사람 여골리야(왕하15:2/대하26:3)
* 제사장: 아사랴
* 묘지: 다윗성(왕하15;7)
* 특기: 문둥병 걸림(대하26:15)
* 선지자: 아모스의 아들 이사야(이사야 1: 1)
웃시야, 요담, 아하스, 히스기야 시대까지

11. 요담 (왕하15:7/대상3:12/대하26:23)(751~735)
* 웃시야의 아들(왕하 15:30)
* 즉위연도: 베가2년(왕하15:32)
* 즉위나이: 25세(왕하15:33/대하27:1)
* 치리기간: 16년(왕하15:33/대하27:1)
* 모친: 사독의 딸 여루사(왕하15:33/대하27:1

15. 스가랴(왕하14:29)(753~752)
* 즉위연도: 아사랴 38년(왕하15:8)
* 치리기간: 6개월(왕하15:8)
* 예후의 후손 4대까지 왕을 함(왕하10:30/왕하15:12)

16. 살룸(752~)
* 야베스의 아들,
* 모반하여 스갸랴를 죽임(왕하15:9)
* 즉위연도: 웃시야 39년(왕하15:13)
* 치리기간: 1개월(왕하15:13)

17. 므나헴(752~742)
* 가디의 아들(왕하15:14, 17)로서 모반,
* 디르사에서 사마리아로 올라가 살렘 죽임(왕하 15:14)
* 즉위 연도: 아사랴 39년(왕하15:17)
* 치리 기간: 10년(왕하15:17)

18. 브가히야(왕하15:22)(742~740)
* 즉위 연도: 아사랴 50년(왕하15:23)
* 치리 기간: 2년(왕하15:23)

19. 베가(740~732)(752~732)[104]
* 장관 르말랴의 아들(왕하15:25)
* 즉위 연도: 아사랴 52년(왕하15:27)
* 치리 기간: 20년(왕하15:27)
* 선지자: 오뎃(대하28:9)

* 미가서 1:1 "유다의 왕들 요담과 아하스와 히스기야 시대에 모레셋 사람 미가에게 임한 여호와의 말씀 "

* 묘지: 다윗성(왕하15:38)
* 선지자: 모레셋 사람 미가(미가서1:1)-히스기야시대까지

12. 아하스(왕하15:38/대상3:13/대하27:9/이사야7:1)(735~716)(742~726)
* 즉위연도: 베가17년(왕하16:1)
* 즉위나이: 20세(왕하16:2/대하28:1)
* 치리기간: 16년(왕하16:2/대하28:1)
* 묘지: 열왕의 묘실에 들이지 아니함. 예루살렘성에 장사함(대하28:27)
* 제사장: 우리야(왕하16:10)-아하스왕의 명대로 함(왕하16:16)

13. 히스기야(왕하16:20/대상3:13/대하28:27) (726~697)
* 즉위 연도: 호세아 3년(왕하18:1)
* 즉위 나이: 25세(왕하18:2/대하29:1)
* 치리 기간: 29년(왕하18:2/대하29:1)
* 모친: 스가리야의 딸 아비(왕하18:2)
  스가랴의 딸 아비야(대하29:2)
* 선지자: 아모스의 아들 이사야(이사야1:1/왕하20:1/대하32:20)
* 묘지: 다윗 자손의 묘실 중 높은 곳에 장사함(대하32:33)
* 히스기야 6년에 이스라엘 멸망.

14. 므낫세(왕하20:21/대상3:13/대하32:33)(697~642)
* 즉위 나이: 12세(왕하21:1/대하33:1)
* 치리 기간: 55년(왕하21:1/대하33:1)
* 모친: 헵시바(왕하21:1)
* 특기: 앗수르가 바벨론으로 잡아한 후 다시 예루살렘으로 돌아와 왕위에 거함(대하33:13).
* 묘지: 궁궐 동산 곧 웃사의 동산에 장사(왕하21:18/대하33:20)

20. 호세아(730~722)(732~722)[105)]
* 엘라의 아들로서 모반하여 베가 죽임(왕하15:30/왕하17:1)
* 즉위 연도: 아하스 12년(왕하17:1)
  ~~요담 20년(왕하15:30)~~-유다 아하스 왕이 베가왕 시절 즉위한 것으로 볼 때 이것이 오류인듯.
* 치리 기간: 9년(왕하17:1)
* 앗수르에 멸망

15. 아몬 (왕하21:18/대상3;14/대하33:20) (642~640)
* 즉위 나이: 22세(왕하21:19/대하33:21)
* 치리 기간: 2년(대하33:21)
* 모친: 욧바 하루스의 딸 므슬레멧(왕하21:19)
* 특기: 우상숭배, 국민이 아몬왕을 반역(대하33:25)
* 묘지: 웃시야의 동산 자기 묘실에 장사(왕하21:26)

16. 요시야(왕하21:24,26/대상3:14/대하33:25) (640~609)
* 백성의 모반으로 아몬의 아들 요시야가 왕이됨(왕하21:24)
* 신복이 반역하여 왕을 궁중에서 죽이매 국민이 아몬왕을 반역한 사람을 다 죽이고 그 아들 요시야로 왕을 삼음(대하33:25)
* 즉위: 8세(왕하22:1/대하34:1))
* 치리 기간: 31년(왕하22:1/대하34:1)
* 모친: 보스갓 아다야의 딸 여디다(왕하22:1)
* 특기: -제8년에 하나님을 구함(대하34:3)
  -제12년에 우상제함(대하34:3)
  -제18년에 땅과 전을 정결케 함을 마침(대하34:8), 유월절 지킴(대하35:19)
* 대제사장: 힐기야(왕하22:4,8)
* 선지자: 예레미야(예레미야1:1/예레미야25:3)
  - 요시야 13년부터 시드기야 11년까지 스바냐(스바냐1:1)-히스기야의 현손, 아마랴의 증손, 그다랴의 손자, 구시의 아들
  - 나훔
* 여선지자:훌다(왕하22;14/대상34:22/대하34:22)

훌다: 할하스의 손자 디과의 아들 예복을 주관하는 살룸의 아내, 예루살렘의 둘째 구역에 거주(왕하22:14)
하박국, 예레미야
* 묘지: 예루살렘으로 돌아와 그 묘실에 장사(황하23:30)
-애굽왕 느고와의 전투에서 죽음
* 요시야의 아들: (1) 요하난 (2) 여호야김 (3) 시드기야 (4) 살룸(대상3:15)
* 여호야김의 아들: 여고냐-시드기야(대상3:16)

17. 여호아하스(왕하23:30/대하36:1)=요하난(대상3:15)=살룸[107](렘22:11)(609~)
* 요시야의 맏아들 요하난(대상3:15)
* 즉위: 23세(왕하23:31/대하36:2),
바로 느고가 막음(왕하23:33)
* 치리 기간: 3개월(왕하23:31/대하36:3)
* 모친: 립나 예레미야의 딸 하무달
(왕하23:31)
* 특기: 애굽왕 느고가 그 형제 엘리아김을 왕으로 세워 이름을 여호야김으로 고침. 여호아하스를 애굽으로 잡아감. 거기서 죽음(대하36:4)

18. 엘리야김(왕하23:34/대하36:4)(609~598)
요시아의 둘째 아들(대상3:15/왕하23:34/대하36:4)
* 바로 느고가 이름을 여호야김(14)으로 고침(대하36:4)
* 즉위 나이: 25세(왕하23:36/대하36:5)
* 치리 기간: 11년(왕하23:36)
* 모친: 루마 브다야의 딸 스비다(왕하23:36)
* 특기: -여호야김 3년에 느부갓네살의 공격(다니엘 1: 1/예레미아 25: 1/예레미아 46:2)

* 참고

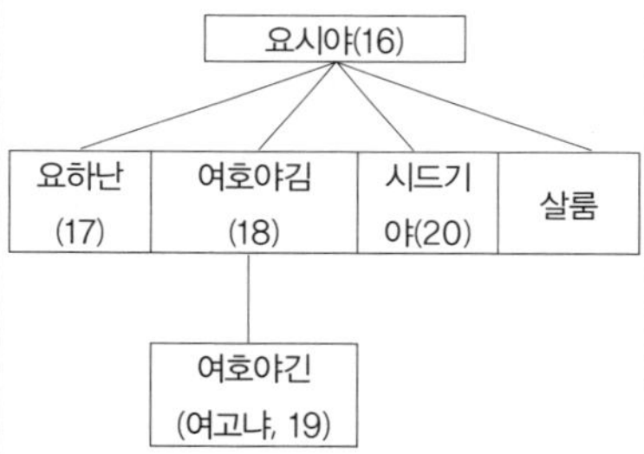

- 바벨론왕 느부갓네살이 바벨론으로 잡아감(대하36:6)
- 아들이 여고냐, 여고냐의 아들 스알디엘

* 선지자: 에스겔
여호야긴 왕이 사로잡힌지 5년(에스겔 1:2)
학개
스가랴
말라기

19. 여호야긴(왕하24:6/)=여고냐(대상3:17/렘24:1/마태1:12으로 추측 )=고니야(렘22:24) (598~597)

* 즉위 나이: 18세(왕하24:8)
~~8세(대하36:9)~~
* 치리 기간: 3개월(예루살렘)(왕하 24:8)
3개월 10일(대하 36:9)
* 모친의 이름: 예루살렘 엘라단의 딸 느후스다(왕하24:8)
* 특기: 저가 여호야긴을 바벨론으로 사로잡아 가고(왕하24:15)
* 여고냐의 아들 스알디엘(2)(대상3:17/마태1:12)

20. 시드기야(왕하24:17)(597~586)

* 그는 여호야긴의 아자비 맛다니야, 이름을 고쳐 시드기야라 함(왕하24:17)/여호야긴의 아자비(대하36:10)(요시야의 세째아들 대상3:15)
* 즉위 나이: 21세(왕하24:18/대하36:11/렘52:1)
* 처리기간: 11년(왕하24:18/대하36:11/렘52:1)
* 모친의 이름: 립나 예레먀의 딸 하무달(왕하24:18)
* 선지자: 예레미야(대하36:12)
* 특기: 시드기야 9년 10월 10일 느부갓네살이 쳐들어옴-시드기야 11년까지(렘52:4)

## 열왕기를 읽을 때에 유의할 점

열왕기 및 역대서를 읽을 때에 다음 내용을 참고하면 도움이 될 것이다.

### 1) 참고사항

가. 집권연대 기술 방식: 유다 왕은 이스라엘 왕을 기준으로, 이스라엘 왕은 유다 왕을 기준으로 기술하고 있다.

나. 同王異名(동왕이명): 같은 왕의 이름이 다른 성경구절에서 다르게 기록된 경우가 있다.

다. 異王同名(이왕동명): 유다 왕과 이스라엘 왕의 이름이 서로 같아도 서로 다른 시기의 다른 왕이 있다.

라. 성경은 왕의 어머니가 누구인지를 기술하고 있다. 아마도 왕이 거느린 여러 명의 아내 때문인 듯하다. 이복형제 여부, 믿음의 계승 파악에 도움이 될지도 모른다.

마. 왕들의 무덤 위치와 죽음 이후의 장례식 장면 기술은 그들의 생

---

102) (왕상 16:21) 그 때에 이스라엘 백성이 둘로 나뉘어 그 절반은 기낫의 아들 디브니를 따라 그를 왕으로 삼으려 하고 그 절반은 오므리를 따랐더니

103) 웃시야, 요담, 아하스, 히스기야가 이어 유다 왕이 된 시대 곧 요아스의 아들 여로보암이 이스라엘의 왕이 된 시대

104) http://www.christen-in-gummersbach.de/wp-content/uploads/2013/05/Koenige-von-Israel-und-Juda.pdf

105) http://www.christen-in-gummersbach.de/wp-content/uploads/2013/05/Koenige-von-Israel-und-Juda.pdf

106) 아마도 '요하난'에 대한 오기인 듯.

시 치적을 말해 준다. 따라서 선(善)한 왕(王)을 구별하는데 좋은 참고가 된다.

바. 유다 5대 요람, 8대 요아스의 묘지 관련 열왕기(하)와 역대(하)의 기록이 서로 다르다. 이들은 모두 처음에는 선한 왕이었으나 나중에 일탈한 왕으로 간주된다.

사. 집권 연대, 치리 기간 오기: 왕들의 집권연대 및 치리기간이 일부 오기되어 있다.

아. 이스라엘 왕위 계보에서 시므리 왕 다음에 오므리 왕으로 알고 있으나, 일부 사학자의 경우 그 사이에 디브니 왕을 넣고 있다.

자. 이스라엘 베가 왕 시절에 재위한 것으로 기술된 유다 요담 왕과 아하스 왕의 경우 성경의 집권 연대 기술과 역사가들이 추정하는 재임 기간 사이에 큰 차이가 있다.

차. 일반적으로 유다의 선한 왕은 8왕이 있다고 말한다. 이에 다소 차이가 있으며 성경의 기록으로 볼 때 필자 개인적으로는 세 왕을 특히 높이 평가한다.

카. 이스라엘에서는 도읍지를 옮겼다. 세겜(왕상12:25, 여로보암) - 부느엘(왕상12:25) - 디르사(왕상15:21 바아사/왕상15:33) - 사마리아(왕상: 16:24, 오므리)

타. 마태복음 1장에 기술된 예수님의 족보 중 열왕기 부분에서 누락된 부분이 있다. 아울러 부자관계임에도 마태복음 족보에 생략된 왕이 있는 듯하다.

### 2) 동왕이명(同王異名)

<table>
<tr><td rowspan="2">유2</td><td>아비얌</td><td>왕상 14:31, 왕상 15:1,3,7,8</td></tr>
<tr><td>아비야</td><td>왕상 14:1/ 대상 3:10/대하 11:22/대하 12:16/대하 13:1,2,3,4,15,17,19,20,21,22/마태 1:7</td></tr>
<tr><td rowspan="2">유5<br>이9</td><td>여호람</td><td>왕상 22:50/ 왕하 1:17/ 대하 21:1/</td></tr>
<tr><td>요람</td><td>왕하 11:2/대상 3:11/마태 1:8</td></tr>
<tr><td rowspan="2">유6</td><td>아하시야</td><td>왕하 8:24, 대상3:11</td></tr>
<tr><td>여호아하스</td><td>대하 21:17</td></tr>
<tr><td rowspan="2">유10</td><td>아사랴</td><td>왕하 14:21, 왕하 15:1, 대상 3:12</td></tr>
<tr><td>웃시야</td><td>왕하15:32/대하26:1/대하27:2/이사야1:1/호세야1:1/마태1:8</td></tr>
<tr><td rowspan="3">유17</td><td>여호아하스</td><td>왕하 23:30, 대하 36:1</td></tr>
<tr><td>요하난</td><td>대상 3:15</td></tr>
<tr><td>살룸(?)</td><td>렘 22:11 (*아마도 이것은 오기로 보인다)</td></tr>
<tr><td rowspan="2">유18</td><td>엘리야김</td><td>왕하 23:34/ 대상 3:15</td></tr>
<tr><td>여호야김</td><td>대하 36:4</td></tr>
<tr><td rowspan="3">유19</td><td>여호야긴</td><td>왕하 24:6</td></tr>
<tr><td>여고냐</td><td>대상3:17/렘24:1/마태1:12으로 추측</td></tr>
<tr><td>고니야(?)</td><td>렘22:24</td></tr>
<tr><td rowspan="2">유20</td><td>시드기야</td><td>왕하 24:17,</td></tr>
<tr><td>맛다니야</td><td>왕하 24:17, 대하36:10, 요시야의 셋째아들 대상3:15</td></tr>
</table>

### 3) 이왕동명(異王同名)

<table>
<tr><td rowspan="2">여호람(요람)</td><td>유 5, 왕상 22:50, 왕하 8:16, 대하 21:1,</td></tr>
<tr><td>이 9, 왕하 3:1, 왕하 8:16,</td></tr>
<tr><td rowspan="2">아하시야</td><td>유 6(여호아하스), 대하 21:7,</td></tr>
<tr><td>이 8, 왕상 22:40,</td></tr>
</table>

| 여호아하스 | 유 6(아하시야) |
|---|---|
| | 유 17(요하난) |
| | 이 11 |
| 요아스 | 유 8(아하시야의 아들) |
| | 이 12(여호아하스의 아들) |

### 4) 유다 5대 요람, 8대 요아스 왕의 묘지에 대한 서로 상이한 기록

| 요람 | 왕하 8:24 | 그의 조상들과 함께 다윗 성에 장사되고 |
|---|---|---|
| | 대하 21:20 | 다윗 성에 장사하였으나 열왕의 묘실에는 두지 아니하였더라 |

### 5) 이스라엘 베가 왕 집권 연대와 유다 요담 및 아하스 왕의 통치 시기

| 요아스 | 왕하 12:21 | 그는 다윗 성에 그의 조상들과 함께 장사되고 |
|---|---|---|
| | 대하 24:25 | 다윗 성에 장사하였으나 왕들의 묘실에는 장사하지 아니하였더라 |

유다 11대 요담 왕과 12대 아하스 왕 즉위 연대와 재위 기간, 그리고 이스라엘 베가 왕 재위 기간 간의 큰 연대차가 있다.

## 마태복음 열왕기에서 누락된 왕[107)]

| | |
|---|---|
| **1** | 아브라함과 다윗의 자손 예수 그리스도의 계보라 |
| **2** | ①아브라함이 ②이삭을 낳고 이삭은 ③야곱을 낳고 야곱은 ④유다와 그의 형제들을 낳고 |
| **3** | 유다는 다말에게서 ⑤베레스와 세라를 낳고 베레스는 ⑥헤스론을 낳고 헤스론은 ⑦람을 낳고 |
| **4** | 람은 ⑧암미나답을 낳고, 암미나답은 ⑨나손을 낳고, 나손은 ⑩살몬을 낳고 |
| **5** | 살몬은 라합에게서 ⑪보아스를 낳고 보아스는 룻에게서 ⑫오벳을 낳고 오벳은 ⑬이새를 낳고 |
| **6** | 이새는 ⑭다윗 왕을 낳으니라. |
| **7** | 다윗은 우리야의 아내에게서 ①솔로몬을 낳고 |
| **8** | 솔로몬은 ②르호보암을 낳고 르호보암은 ③아비야를 낳고 아비야는 ④아사를 낳고 |
| **9** | 아사는 ⑤여호사밧을 낳고 여호사밧은 ⑥요람을 낳고 요람은 ⑦웃시야를 낳고 |
| **10** | 웃시야는 ⑧요담을 낳고 요담은 ⑨아하스를 낳고 아하스는 ⑩히스기야를 낳고 |
| **11** | 히스기야는 ⑪므낫세를 낳고 므낫세는 ⑫아몬을 낳고 아몬은 ⑬요시야를 낳고 |
| | * 누락됨: (요시야는 ⑭여호야김을 낳고) |
| **12** | 바벨론으로 사로잡혀 갈 때에 [요시야](⇨ 여호야김)[107)]는 ①여고냐와 그의 형제들을 낳으니라<br>(잘못 표기됨. 요시야를 여호야김으로 표기해야 함) |
| **13** | 바벨론으로 사로잡혀 간 후에 여고냐는 ②스알디엘을 낳고 스알디엘은 ③스룹바벨을 낳고 |
| **14** | 스룹바벨은 ④아비훗을 낳고 아비훗은 ⑤엘리아김을 낳고 엘리아김은 ⑥아소르를 낳고 |

107) *역대상 3:15-16에 따르면 여고냐는 요시야의 아들이 아니다. 요시야의 첫째 아들은 요하난〈=여호아하스(17)〉, 둘째 여호야김〈=엘리아김(18)〉이며, 셋째 시드기야(20), 네째 살룸이고, 여고냐는 둘째 여호야김의 아들이다. 그러므로 마태복음에서는 마지막 요시야와 여고냐 사이에 여호야김 왕이 빠져 있다. 그것을 넣으면 14대-14대-14대가 된다. 그리고 여고냐는 여호야긴 왕(19대)으로 이해된다.

| 15 | 아소르는 ⑦사독을 낳고 사독은 ⑧아킴을 낳고 아킴은 ⑨엘리웃을 낳고 |
|---|---|
| 16 | 엘리웃은 ⑩엘르아살을 낳고 엘르아살은 ⑪맛단을 낳고 맛단은 ⑫야곱을 낳고 |
| 17 | 야곱은 마리아의 남편 ⑬요셉을 낳았으니 마리아에게서 그리스도라 칭하는 ⑭예수가 나시니라 |
| 18 | 그런즉 모든 대 수가 아브라함부터 다윗까지 열네 대요 다윗부터 바벨론으로 사로잡혀 갈 때까지 열네 대요 바벨론으로 사로잡혀 간 후부터 그리스도까지 열네 대더라 |

## 예수님의 족보에 대한 의문

| 대수 | 족보 | 비고 |
|---|---|---|
| 1 | 아브라함 | |
| 2 | 이삭 | |
| 3 | 야곱 | |
| 4 | 유다 | |
| 5 | 베레스 | |
| 6 | 헤스론 | |
| 7 | 람 | |
| 8 | 암미나답 | |
| 9 | 나손 | |
| 10 | 살몬 | |
| 11 | 보아스 | |
| 12 | 오벳 | |
| 13 | 이새 | |
| 14 | 다윗 | |
| | | (역대 상 3장 10~18)<br><br>10 솔로몬의 아들은 르호보암이요 그의 아들은 아비야요 그의 아들은 아사요 그의 아들은 여호사밧이요 |

| | | |
|---|---|---|
| 1 | 솔로몬 | 11 그의 아들은 요람이요 그의 아들은 ~~아하시야~~요 그의 아들은 ~~요아스~~요<br>12 그의 아들은 ~~아마샤~~요 그의 아들은 아사랴(=웃시야)요 그의 아들은 요담이요<br>13 그의 아들은 아하스요 그의 아들은 히스기야요 그의 아들은 므낫세요<br>14 그의 아들은 아몬이요 그의 아들은 요시야이며<br>15 요시야의 아들들은 맏아들 요하난과 둘째 여호야김과 셋째 시드기야와 넷째 살룸이요<br>16 여호야김의 아들들은 그의 아들 여고냐, 그의 아들 시드기야요<br>17 사로잡혀 간 여고냐의 아들들은 그의 아들 스알디엘과<br>18 말기람과 브다야와 세낫살과 여가먀와 호사마와 느다뱌요 |
| 2 | 르호보암 | |
| 3 | 아비야 | |
| 4 | 아사 | |
| 5 | 여호사밧 | |
| 6 | 여호람(요람) | |
| * 누락 | 아하시야 | 여호람 왕의 막내 아들 여호아하스 외에는 한 아들도 남지...(대하21:17)<br>예루살렘 주민이 여호람의 막내 아들 아하시야에게 왕위를 계승하게 하였으니(대하 22:1) |
| * 누락 | 요아스 | 아하시야의 아들(왕하11:2/ 대상3:11) |
| * 누락 | 아마샤 | 요아스 아들(왕하 12:21)<br>이스라엘 왕 요아스가 벧세메스에서 아하시야의 손자, 요아스의 아들 유다 왕 아마샤를(왕하 14:13) |
| 7 | 웃시야 | 아마샤의 아들(왕하 14:21) |
| 8 | 요담 | |
| 9 | 아하스 | |
| 10 | 히스기야 | |
| 11 | 므낫세 | |

| | | |
|---|---|---|
| 12 | 아몬 | |
| 13 | 요시야 | |
| | 여호아하스(요하난) | 요시야의 첫째 아들 |
| 14 | 여호야김 | 요시야 둘째 아들 |
| 1 | 여고냐 | 여호야김의 아들 |
| 2 | 스알디엘 | |
| 3 | 스룹바벨 | |
| 4 | 아비훗 | |
| 5 | 엘리아김 | |
| 6 | 아소르 | |
| 7 | 사독 | |
| 8 | 아킴 | |
| 9 | 엘리웃 | |
| 10 | 엘르아살 | |
| 11 | 맛단 | |
| 12 | 야곱 | |
| 13 | 요셉 | |
| 14 | 예수 | |

역대상 3장 10절에서 18절까지의 말씀과 마태복음 1장 1절에서 17절까지의 말씀을 비교해 보면 역대상에서는 여호람(6, 요람)의 아들이 아하시야, 아하시야의 아들이 요아스, 요아스의 아들이 아마샤, 아마샤의 아들이 웃시야(7)이다. 즉 '여호람-(아하시야-요아스-아마샤)-웃시야' 계보인데 마태복음의 예수님 족보에서 여호람에서 웃시야로 점프해 가버렸다. 그 이유가 무엇일까?

'평신도의 열왕기 읽기'에서 드러난 일부 오기나 누락된 내용이 성경 말씀의 무오성(無誤性)에 대한 반증일 수는 없다. '네가 네 눈으로 보리라. 그러나 그것을 먹지는 못하리라.'라는 대답을 듣는 믿음 없는 자 같이 되어서는 안 된다. 오히려 '내가 그것을 이루리라. 네가 그것을 보리라.'는 하나님의 음성을 듣는 믿음이 생겨나길 기원한다.

# 교회와 유머

신앙이 있는 곳에 웃음도 있다.
복음은 유머 없이는 강론할 수 없다.

- 마르틴 루터(1483~1546) -

## 유머: 인공지능이 마지막으로 넘어서야 할 장벽

2018년도 전반기 '예람 기독교 인문학 강좌'의 대 주제는 "인공지능 시대, 어떻게 맞이할 것인가?"이었다. "교회"와 "유머"라는 본 장이 이런 주제에 얼마나 어울릴지 모르겠으나 아무쪼록 모두에게 즐거운 장이 되고, 다른 한편으로는 치유의 장이 되었으면 한다.

오늘날 인공지능이 상당한 삶의 영역에서 인간의 능력을 뛰어넘었다. 우리는 알파고가 바둑계를 정복했을 때 인공지능의 위력을 실감했다. 왜냐하면 바둑이야 말로 아주 창의적인 인간의 놀이영역이라고 생각했었기 때문이다. 이제 인공지능이 다음으로 뛰어넘어야 할 장벽이 있다. 그것은 바로 유머 영역이다. 인터넷 검색을 통해 얻은 다음 기사의 제목을 참고하라.

Is Humor the Final Barrier for Artificial Intelligence?[108)]

(유머는 인공지능이 넘어야 할 마지막 장벽인가?)

Why humor is the frontier of artificial intelligence?[109)]

(왜 유머는 인공지능의 최전선인가?)

Humor: Artificial intelligence's greatest obstacle[110)]

(유머: 인공지능의 최대 장애)

신시내티 대학의 컴퓨터 과학과 로런스 매즈랙(Lawrence J. Mazlack) 교수는 "컴퓨터가 무엇이 농담인지, 농담이 아닌지를 이해할 수 없다면 사람처럼 생각할 수 없을 것"이라고 말한다(If a computer can't come to understand what's a joke and what's not a joke, then it's not going to be able to think like a person).

여러분들은 다음 유머를 이해할 수 있겠는가?

- 금발의 미녀가 머리칼을 검은색으로 염색한다면 그것을 무엇이라고 하는가?
- "인공지능"

아마도 이 유머를 들은 많은 한국 사람들은 '금발의 미녀', '염색', '인공지능' 사이에서 어떤 상관관계를 찾지 못할 것이기 때문에 웃기가 힘

108) https://iq.intel.com/is-humor-the-final-barrier-for-artificial-intelligence/

109) http://www.31december2099.com/2016/03/20/humor-frontier-artificial-intelligence/

110) https://merihallblog.wordpress.com/2016/07/26/humor-artificial-intelligences-greatest-obstacle/

들 것이라 생각한다. 이 유머에 웃을 수 있기 위해서는 적어도 금발의 미녀가 얼굴은 예쁠지 몰라도 독일의 유머에서는 '지능은 좀 모자라는 여인'으로 묘사되고 있다는 것을 먼저 알고 있어야 한다. 굳이 위 유머를 풀이하자면, 멍청한 인간으로 비웃음 당하는 금발의 미녀가 더 이상 세상 사람들의 조롱거리가 되지 않기 위해서 인공지능의 능력을 갖추려고 노력한다는 것이 원래 자연의 금발 대신 인위적으로 검은색으로 염색해 놓고는 자기가 인공지능을 갖추었다고 뽐내고 있는 장면임을 상상해 보라. 이처럼 유머는 단순히 단어의 의미, 문장을 직역한 의미 이상을 요구한다. 금발의 미녀에 대한 독일인 혹은 유럽인들의 보편적 인식을 밑바탕에 깔고 있어야 한다. 이런 사실을 입증하는 다음 유머를 참고하라.

- 컴퓨터에 불이 나면 금발의 미녀는?
- 컴퓨터에서 "삭제"를 클릭한다.

두 명의 금발의 미녀가 버스 정류장에서 버스를 기다리고 있었다. 한 금발의 미녀가 다른 금발의 미녀에게 물었다.

금발 1: 당신은 몇 번을 타요?

금발 2: 저는 1번을 탑니다. 당신은?

금발 1: 저는 3번을 탑니다.

그때 13번 버스가 왔다.

금발 1: (금발 2를 향해) 빨리 와요, 같이 타고 갑시다.

- 금발의 미녀 17명이 극장 앞에서 그 안으로 들어가지 못한 이유는?
- 극장 앞에 "18부터(ab 18)"라고 적혀 있었기 때문에[111)]

- 금발의 미녀가 프레첼을 먹지 않는 이유는?
- 프레첼의 매듭을 풀 수 없기 때문에!

독일의 저명한 정치인이 네 번째로 결혼을 하게 되었을 때 사람들은 그를 "아우디 맨(Audi-Mann)이라고 했다. 언론을 통하여 그가 이제 다섯 번째 결혼을 앞두게 되었다는 것을 알게 되었을 때 사람들은 그를 "반지의 제왕(Der Herr der Ringe ; The Lord of the Rings)"이라고 놀렸다.

"아우디 맨"을 듣고 웃으려면 독일의 자동차 회사 아우디의 로고가 결혼식에서 신랑신부가 서로 교환하는 반지처럼 생긴 네 개의 원으로 되어 있다는 것을 먼저 선지식으로 갖고 있어야 하고, "반지의 제왕"이라는 유머를 생성하려면 적어도 존 로널드 루엘 톨킨의 소설 제목을 알고 있어야 한다.

인공지능이 인간을 따라가기 힘든 것 중의 하나가 유머임은 분명하다. 우리가 어떤 언어를 제대로 마스터 했느냐는 그 언어로 농담

---

111) 독일에서는 18세가 되면 성인이 된다. 금발의 미녀들은 18세부터를, 18명부터 들어갈 수 있다는 것으로 이해했다는 의미이다. 유머: 우리 한국인은 독일인보다 정신연령이 한 살이 낮다. 왜냐하면 19세가 되어야 성인이 되기 때문이다.

을 할 수 있느냐를 보면 안다.[112] 사실 모국어 화자는 자기 언어의 유머를 이해할 수 있을 뿐만 아니라, 즉흥적으로 유머를 생성해 낼 수 있다. 노엄 촘스키(Noam Chomsky), 그는 그런 말을 하지 않았지만 유머를 생성하고 이해하는 능력은 그가 말한 모국어 화자의 "언어능력(Competence)"에 틀림없이 속하는 것으로 생각된다.

> 안전벨트를 푸는 것을 잊고 내리려는 승객에게 운전기사가 하는 말,
> "차는 그냥 두고 내리세요!"

위 유머는 "그냥 당신의 몸만 내리시지, 내 차까지 짊어지고 가려고 하지 마라"는 의미인데, 이것은 안전벨트에 묶여 있어서 내리지 못하는 승객의 상황을 고려하지 않는다면 이해될 수 없는 말이다.

> (부부가 함께 승용차를 타고 가는 중이었다. 남편은 교회를 거처 직장인 대학으로 간다.)
>
> 남편 : 여보, 교회에서 내릴 때 트렁크에서 뭘 갖고 내려야 하는지 알지?
>
> 아내 : 토끼 두 마리
>
> (교회에 도착하자 아내가 트렁크에서 토마토 두 봉지를 꺼낸 다음, 남편에게 대학 연구실로 가져갈 사과를 잊지 말길 주지시키면서)
>
> 아내 : 여보, 학교에 가면 사슴 한 마리를 갖고 내리는 걸 잊지 말아요!

112) https://merihallblog.wordpress.com/2016/07/26/humor-artificial-intelligences-greatest-obstacle/

이처럼 유머는 적어도 아직까지는 인공지능이 하나님께서 당신의 모양을 본 따 창조한 인간을 능가할 수 없는 지고한 영역이다.

'humor(유머)'라는 단어는 16세기에 라틴어 'humor'에서 유래한다고 한다. 그 원래의 의미가 '습기(Feuchtigkeit)'라고 한다. 성질을 내거나(cholerisch), 무관심하거나(phlegmatisch), 낙천적이거나(sanguinisch), 우울한(melancholisch) 성격을 갖게 하는 모든 생명체에 고유한 네 가지 기본 체액이라고 한다. 그렇게 본다면 남을 즐겁게 하는 유머, 혹은 유머 감각은 우리 인간이 마땅히 가져야 할 것인지도 모른다. 그리고 인공지능이 아직 감히 따라올 수 없는 창의적 인간의 능력, 하나님께서 우리 인간에게 주신 이 지고한 능력을 감사하면서 마음껏 누려보는 것은 어떨까?

## 유머의 치유 기능과 윤활유 기능

유머에 일찍이 철학자들이 관심을 가졌다. 탈레스(624~546 B.C.), 데모크리토스(460~370 B.C.), 소크라테스(470~399 B.C), 플라톤(427~347 B.C.), 아리스토텔레스(383~322 B.C.), 키케로(106~43 B.C.), 몽테뉴(1533~1592), 홉즈(1588~1679), 흄(1711~1776), 칸트(1724~1804), 쇼펜하우어(1788~1860), 니체(1844~1900), 키에르케고르(1813~1855), 헤겔(1770~1831), 베르크송(1859~1941) 등이 유머가 어떻게 해서 발생하며, 유머의 효과가 무엇인지에 관심을 가졌다.[113) 유머를 통하여 일어나는 인간의 웃는 능력은 인간의 고유한 특징 중의 하나로 여겨졌다. 인간은 웃을 줄 알고 유머를 가진 유일한 창조물로서, 인간에 대한 정의도 "웃을 줄 아는 동물(zum Lachen fähiges Tier)"로 내리기도 했다.[114)]

나아가서 유머는 건강과 서로 관련이 있다고 생각하였다. 유머 감각이 얼마나 있느냐는 곧 한 인간의 건강상태를 판단하는데 아주 중요하게 생각되었다.[115)] 뿐만 아니라 유머가 치유 기능이 있으며, 적어도 고통을 완화시켜주는 기능이 있다는 것에 대해서는 로빈 윌리엄스 주연의 '패치 아담스(1998)'라는 영화가 잘 보여준다. 이는 헌터 도어티 패치 아담스(Hunter Doherty "Patch" Adams, 1945~)의 실화적 얘기를 바탕으로 엮어진 것이다.[116)] 나아가서 유머가 사회적 소통을 위하여 마치 윤활유와 같은 역할을 한다는 널리 알려진 사실이며,[117)] 우리들의 경험을 통하여서도 입증된다.

그건 그렇다 치더라도 교회와 유머는 양립할 수 있는 것인가? 온라인 서점 아마존은 슈테펜 슐츠(Steffen Schulz) 씨의 책 『하나님은 잘 웃

113) Andreas Michel-Andino(2000): Kleine Philosophie des Lachens. Koblenz : Fölbach. 17~36쪽 참고

114) Raymond A. Moody(1978): Laugh after Laugh – The Healing Power of Humor. Florida : Headwaters Press. In: Lachen! Über die heilende Kraft des Humors. Hamburg : Rowohlt, 13쪽.

115) 위 책 15쪽.

116) https://www.youtube.com/watch?v=i8YznYltowI&t=357s 참고.

117) 위 책 135쪽.

으신다(Gott hat gut lachen)』(2015)라는 책을 이렇게 소개하고 있다.[118)]

"유감스럽게도 많은 사람들은 기독교 신앙과 교회가 즐거운 유머가 있는 곳이라기보다는 아주 지루한 곳이라고 생각한다. 이 책에서 슈테펜 슐츠 씨는 그 반대를 보여주고 싶어한다. 교회와 유머는 실제로 매우 잘 서로 융합할 수 있다는 것이다. 유머는 믿음에서 나오며, 유머는 믿음의 중요한 구성 성분이다. 편자는 서문에서 이 논제를 계속 따라간다. 그에게 건강한 유머는 예배와 신앙의 거룩함에 모순이 되지 않는다. 오히려 그는 루터나 츠빙글리와 같은 위대한 인물들을 가리키면서 유머 자체를 지적 재능으로 본다."

아마존은 끝으로 삼상 2장 1절의 말씀 중의 한 구절을 인용한다: "내 마음이 여호와로 말미암아 즐거워하며(My heart rejoices in the LORD; Mein Herz ist fröhlich in dem Herrn)".

교회와 유머에 관한 〈livenet.de〉에 실린 로타르 짐망크(Lothar Simmank)의 글이 인상적이다. 마르부르크 대학에서 독문학과 교회사를 전공한 그는 "웃지 마세요. 지금 예배시간이에요(Bitte nicht lachen, dies ist ein Gottesdienst!)"라는 글에서 유머와 교회와의 관계사를 잘 보여준다. 카셀 근처 칼덴에서 자유교회를 이끄시는 아르노 박하우스(Arno Backhaus) 목사님의 유머에 대한 믿음을 소개한다. 강대상에서 나오는 유머, 즉 "해방시켜주는 웃음은 영혼에 끼인 먼지를 씻어낸다(Befreiendes Lachen wäscht den Staub von der Seele)"는 것이다.[119)] 로타르 짐망크는 "성경과 유

118) https://www.amazon.de/Gott-hat-gut-lachen-Kirche/dp/3861604213/ref=sr_1_1?ie=UTF8&qid=1524753693&sr=8-1&keywords=gott+hat+gut+lachen

119) http://www.livenet.de/themen/gesellschaft/ethik/285968-bitte_nicht_lachen_

머가 자신의 행동과 자신의 정신적 행동을 다시 생각해보게 해 준다." 는 슐츠의 말과 "신앙은 하나님으로부터 오는 유쾌함이다(Glaube ist die Heiterkeit, die von Gott kommt)."[120]라는 교황 요하네스 23세의 말을 인용하면서, 신앙과 즐거워함을 동일시한다.

교부들의 시대나 적어도 11세기까지는 교회에서는 웃음이 금지되었다고 한다. 바이에른 주 노회장이었던 하인리히 베트로르트 슈트롬(Heinrich Bedford-Strohm)은 슈테펜 슐츠의 책에 실은 기고문에서 "유머와 웃음은 사물을 보다 가볍게 받아들이도록 도와준다." 그리고 "유머와 웃음은 자신과 거리를 두고 사물을 약간 덜 경직되게 바라볼 수 있게 해 준다(Und sie ermöglichen uns, mit Abstand auf uns selbst die Dinge etwas unverkrampfter zu sehen)."고 말하며, "교황보다 더 교황적이거나 그리스도보다 더 그리스도적으로 항상 그렇게 되려고는 하지 않도록(päpstlicher als der Papst oder christlicher als Christus)" 격려한다. "그렇다면 우리의 기독교인으로서의 삶이 더 자유롭고 더 걱정 없이 살아가는 것이 아마도 다시 약간 더 성공할 것이다(Dann gelingt es uns vielleicht wieder ein wenig mehr, unser Christsein freier und unbeschwerter zu leben)."라고 쓰고 있다.

바티칸 신앙단체의 지도 신부인 게르하르트 루트비히 뮐러(Gerhard Ludwig Müller) 추기경도 "유머 없음이 하나님 왕국의 가장 큰 적이다

dies_ist_ein_gottesdienst.html에서 재인용.

120) 같은 곳에서 재인용.

(Humorlosigkeit ist der grösste Feind des Reichs Gottes).”[121]라고 디 차이트(Die Zeit) 지에 기고했다.

한스 마르틴 도버(Hans Martin Dober) 교수는 “유머는 인간의 아름답고 고상한 세계의 이상과 결코 그렇게 아름답지 않은 현실 사이를 중재해 준다.”는 생각으로 “유머는 이상을 인간의 척도를 가지고 실현시키는데 기여할 수 있다. 그러므로 유머는 인간임을 보여주는 것이다(Humor kann dazu beitragen, dass man Ideale mit menschlichem Mass zu verwirklichen versucht. So verstanden ist Humor ein Zeichen der Menschlichkeit).”[122]라는 유대인 철학자 헤르만 코언(Hermann Cohen)의 말을 인용한다.

잠시 우리들의 교회생활을 생각해보자! 사회 내의 경쟁문화가 어느새 우리들의 교회생활에도 자리 잡고 있다. 세상 삶에서와 마찬가지로 교회 생활에서도 여유가 적다. 그러기에 교회에서도 양보가 더 이상 미덕이 아니다. 교회학교에서도 거의 모든 게임은 상대를 이길 때에 후한 점수를 준다. 교회에서조차도 결핍에서 오는 기쁨을 배울 기회가 그리 많지 않다. 누가복음 16장 19절~25절의 거지 나사로의 비유는 이러한 우리들의 믿음에 경종을 울리고 있는데도 말이다.

독일의 유머 심리치료학자인 미하엘 팃체(Michael Titze)는 우리들의 이와 같은 ‘여유 없음’, 다른 말로 한다면 ‘재미없음’이 지나치게 이성적으

121) 위와 같은 곳에서 재인용.

122) 위와 같은 곳에서 재인용.

로 사고하는 어른의 특성에 기인한다고 본다. 규범적이고, 형식에 얽매이고, 정확해야 하고, 규칙을 따라야 하고, 집단적 생각을 존중해야 하고, 자신을 통제해야 하고, 양심적이어야 하는 것 말이다. 그런데 우리가 어린 시절에는 그렇지 않았다. 작은 일에도 감격하고, 무엇을 해내는 것에서 기쁨을 느끼고, 창의적이고, 즉흥적이고, 혁신적이고, 아이디어도 많이 떠올랐으며, 정서적 지능이 높았다. 이 세상이 보다 재미있어지려면 오로지 합리적이고 예의바른 어른의 사고 틀에 갇혀 있기보다는 어린 시절의 사고 틀을 회복해야 한다고 주장한다. 그리하여 그 둘 간의 균형을 유지해야 한다는 것이다.

피서지에서 어린이가 고무장갑 한 짝을 주웠다. 그 어린이가 그것을 들고 엄마에게 달려가 이렇게 말했다.
"엄마, 엄마 소의 브래지어를 하나 주웠어요!"

종교수업 시간에
선생님: 우리가 천국에 가기 위해서 우리는 무엇을 해야 합니까?
학　생: 먼저 죽어야 합니다.

꼬마: 아빠 유대교인이 되려면 몇 살을 먹어야 하지?[123)]
아버지: 나이하고는 상관이 없단다.
꼬마: 아빠, 한 번 봐, 나는 아주 어리지, 나는 기독교인이야. 아빠하고 엄마는 나이가 나보다 더 많지. 여전히 기독교인이야. 그런데 할아버지는 유대교인이잖아!

이번에는 본인이 졸역한 『유머전략』(2007, 학지사)에 나오는 몇 가지 기법을 소개하고 서양의 기독교 유머에는 어떤 것들이 있는지 살펴보면서 잠시 웃으면서 우리 자신을 치유하는 시간을 가져보려 한다. 뜻대로 되면 오죽 좋을까!

## 삶의 태도를 바꾸라

미하엘 팃체는 우리가 삶에서 여유를 찾기 위한 몇 가지 전략을 소개한다. 이런 삶의 태도가 소위 합리적이고 이성적인 사고라는 덫에서 벗어나게 해 준다.

### 1) 가끔 다르게 행동하라.

슈퍼마켓에 가서 계산할 때 우리에게 익숙한 방식은 가능한 한 짧은 줄 뒤로 가서 줄을 서는 것이다. 그렇게 하지 말고 가끔은 일부러 긴 줄 뒤로 가서 줄을 서 보라고 권한다. 거기서 차례가 돌아올 때까지 다른 생각을 하는 것이다. 차량을 운전할 때에도 종종 차들이 정체되는 경우가 있다. 조급한 마음을 갖는다고 빨리 갈 수 있는 것도 아니다. 빨간 신호등에 걸렸을 때 이때를 즐겨라. 조급한 마음 대신에 얼굴을 찡그리든지 하면서 이런 저런 인상을 지어보길 권한다.

---

123) Salcia Landmann(1968): Jüdische Witze. 11. Aufl. DTV. 216쪽.

### 2) 네 번째로 맛이 좋은 사과를 주문해 보라

다음으로는 우리에게 익숙한 남을 능가하려는 욕구를 버리길 권한다. "더 빨리, 더 높이, 더 세게!"라는 구호 대신에 "참가하는 것이 곧 승리한 것이다."라는 구호를 외쳐 보라. 르네 슈바이처(René Schweizer)의 방법을 권한다. 가게에 가서 과일을 살 때에 우리는 어떤 것을 달라고 주문하는가? 제일 맛있는 것, 제일 굵은 것을 달라고 하지 않는가? 이렇게 한 번 말해보라. "이 사과들 중에서 네 번째로 맛이 좋은 사과를 주세요!"라고 주문해 보라. 아마도 '바보'라는 소리를 듣게 될지도 모른다. 그러나 적어도 '속았다'는 심정을 갖게 되지 않을 것이다. 내가 제일 맛있는 사과를 고를 때에 어떤 누군가는 네 번째로 맛있는 사과를 고르게 될지도 모른다. 그 네 번째의 사과를 먹는 사람이 바로 나 자신이면 안 될까? 〈골든 슬럼버〉라는 영화에서 주인공은 "좀 손해 보며 살면 어때요?"라고 우리 모두에게 일침을 준다.

### 3) '예-하지만 태도(Ja-aber-Haltung)'를 버리라

심리적으로 안정된 사람은 '예', '아니오'로 말한다. 그에 비하여 심리적으로 안정되지 못한 사람은 '그래요, 하지만', '아니요, 하지만', '별로요'를 사용한다고 한다. 지나치게 높은 목표, 명예욕, 경쟁심, 성공지향에서 벗어나야 한다. 심리적으로 안정된 사람이 되려면 그 방법은 '소욕축소'이다. 욕심을 줄이는 것이다. 단순하려고 애써라. 복잡한 생각을 하지 마라.

### 4) 풍선의 바람을 빼라

과거의 화려했던 순간, 그렇게도 잘 났던 모습을 떠 올려 자신의 현재를 기죽게 하지 마라. 미래의 휘황찬란한 모습을 꿈꾸며 자신의 현재를 기죽게 하지 마라. 시간이라는 풍선에 우리들의 생각으로 바람을 불어넣지 마라. 바람을 빼면 점점 더 가까이에 놓여 있는 것을 노리게 되고, 긴장이 줄어든다. 이렇게 되면 "바로 여기, 그리고 지금 이 순간"의 삶을 소중하게 생각하게 된다. '지붕 위의 비둘기보다 내 손 안에 있는 참새가 더 낫다'는 독일 속담을 상기해 보라. 통 앞에 앉아서 석양을 즐기고 있던 디오게네스에게 알렉산더 대왕이 "자네의 소원을 말해보렴. 내가 무엇이든 들어주마."라고 했을 때에 "옆으로 좀 비켜주시오!"라고 말한 디오게네스의 대답을 상기하라. 죠지 버나드 쇼(George Bernad Shaw)는 "나는 인생에서 그리 많은 것을 기대하지 않는 법을 배웠다. 이것이 정말 유쾌하게 되는 비결이며, 왜 내가 위로 없는 실망 대신에 항상 놀라울 정도로 즐겁게 살 수 있었는가에 대한 이유이다."라고 말한 바 있다. 철학자 플루타르크는 "필요로 하는 것이 적은 사람은 많은 것을 포기할 필요가 없을 것이다."라고 말했다.[124)]

### 5) 사실 우리는 오늘도 많은 것을 잘 해냈다

- 안 넘어지고 바지를 제대로 입었어요.
- 와이셔츠 단추도 나 혼자 잘 끼웠어요.

---

124) 『유머전략』 76쪽 참고.

- 양말도 나 혼자 잘 신었어요.
- 신발도 예쁘게 잘 신었어요.
- 밥알을 흘리지 않고 식사 때마다 밥을 잘 먹었어요.
- 계단을 오르내릴 때 넘어지지 않았어요.
- 화장실에 가서 대소변을 잘 봤어요.
- 쓰레기를 휴지통 안으로 잘 버렸어요.

로버츠 미챰(Robert Mitchum)이 예순 살이 되었을 때 한 기자가 '그의 생애에 있어서 가장 위대한 업적이 무엇이냐?'고 질문했단다. 미챰은 "내가 서른 살이 되었을 때 다음 5년 간 살아남을 수 있을 거라고 생각하지 못했어요. 그런데 이제 예순 살이 되었어요! 이것이 내 생애에 있어서 가장 큰 업적입니다."

슈바이츠 박사가 '무엇 때문에 3등 열차를 타고 가십니까?' 라는 질문을 받았을 때 "4등 열차 칸이 없어서요!"라고 대답했단다.

### 6) 감사하라

우어줄라 누버(Ursula Nuber)는 "감사를 자원으로 발견하지 못한 사람들은 대부분 그들이 성공하지 못한 것에 집중하기 때문이다."[125]라고 했다.

---

125) Ursula Nuber(2001): "Dankbarkeit, der Schlüssel zur Zufriedenheit", in: Psychologie heute, Mai. 32-37.『유머전략』80쪽에서 재인용.

### 7) 불완전함을 사랑하라[126)]

한네로레 힙페(Hannelore Hippe)[127)]는 "나사렛 예수, 갈릴레오 갈릴레이, 부처, 아인슈타인의 공통점이 무엇인가? 그들은 이미 나 있는 길을 떠나 사상적, 사회적 관습을 무시하고 그것을 통하여 자신이 웃음거리가 되는 것을 두려워하지 않았다."고 말했다. 왈리드 에이 살라메(Waleed A. Salameh)[128)]는 "유머가 있는 사람은 불완전을 사랑한다. 그들은 자신들의 결함을 개간하는 것을 즐긴다."라고 썼다고 한다. 자신의 결함에 특별히 후한 점수를 주는 삶을 살라. 독일의 유명한 시인 요아힘 링엘나츠(Joachim Ringelnatz)[129)]에게 사람들이 "링엘나츠 씨, 당신은 그 위대한 시를 확실히 당신 심장의 피로써 썼잖아요?"라고 하자 "아닙니다. 친구와 꼬냑과 슈타인헤거(*술의 일종)로 썼어요."라고 대꾸했다고 한다.

### 8) 변명하지 마라[130)]

변명하면 '능가하기 원칙'의 덫에 걸려든다. 변명은 전형적인 성인 전략이다. 우리에게 쏟아지는 비난과 비평을 무조건 받아들여라. 필요한 경우 눈웃음을 지으면서. 아니면 "선생님의 말씀이 전적으로 옳으십니다. 저는 제가 할 수 없다는 것을 잘 압니다."라는 말을 하면서 말이다. 변명하면 비굴한 상태로 빠진다.

---

126) 『유머전략』 83~84쪽 참고.

127) (1951~ ) 독일 여류 작가.

128) 스위스 유머 치료가.

129) (1883~1934) 독일 베를린 태생의 시인.

130) 『유머전략』 88~91쪽 참고.

불륜현장에서 그의 남편에게 붙잡힌 아내 왈: 그렇게 좀 흥분하지 말아요! 나는 그 남자의 이름도 몰라요

의사: 아저씨, 제가 담배를 피우지 말라고 했잖아요. 그런데 불붙은 담배를 들고 계시네요?

환자: 아이고, 의사 선생님, 우연히 그렇게 되었어요. 제가 이 불로 다른 누구의 담뱃불을 붙이는 걸 도와줄까 해서요.

## 이렇게 대응하라[131)]

### 1) 멍청한 이유 대기

멍청한, 말도 안 되는 이유를 대는 방법이다.

질문: 왜 설탕을 넣지 않고 커피를 마셔요?

대답(Alessandro Volta[132)]): 왜냐하면 찻잔에 커피를 좀 더 많이 받으려고요.

### 2) 부차적 이유 대기

이것도 상대방의 질문에 대해서 실제적 이유를 대는 것이 아니라,

131) 『유머전략』 91~118쪽 참고.

132) (1745~1827) 이탈리아 물리학자.

말도 안 되는 이유를 대는 것이다.

A: 내가 당신과 얘기할 때면 당신은 왜 내 눈을 보지 않습니까?

B: 사시가 좀 있어서요.

A: 어째서 담배를 못 끊으세요?

B: 입냄새를 감추려고요.

A: 왜 당신은 그렇게 늦었어요?

B: 유치원 교육을 제대로 못 받았기 때문에요.

### 3) 엉뚱한 비교

비교가 멍청하면 멍청할수록 좋다.

A: 헤어스타일이 별로군요!

B: 머리 위에 머리카락이 하나도 없는 것보다야 이런 헤어스타일이라도!

A: 밤샘을 한 것 같군요!

B: 아침에 멍청하게 있는 것보다야 밤샘을 한 것처럼 보이는 것이 좋지요!

A: 당신은 얼굴이 왜 그렇게 벌겋습니까?

B: 제가 성적으로 좀 흥분되어서 그렇습니다.

4) 신체적 이유 대기

A: 움직임이 매우 경직되어 있네요.

B: 왜냐하면 제가 변이 마려워서 그래요!

A: 왜 지금 말이 없어요?

B: 제가 나팔 기능을 점검하고 있어요.

5) 배짱 있게 대응하라

A: 뭐 때문에 그렇게 큰 가방을 들고 다니세요?

B: 갈탄과 무를 들고 다닐 수 있기 위해서요.

A: 왜 그리 창백해 보여요?

B: 돈이 없어서 빵과 물만 먹고 살아가기 때문이에요.

A: 왜 혼자 산책하세요?

B: 연인들의 대화를 엿듣기 위해서요.

6) 유머 있게 인정하라

상대의 비판에 같이 맞서 비난하지 않고 인정하는 원칙에 기반을 두고 있다.

회의에서 강연자가 한 동료로부터 심하게 비판을 받았다.

B: (환하게 미소지으며) 당신이 이겼어요!

연설을 하던 사람이 소리를 지르는 사람 때문에 여러 번 연설이 중단 된 후 강단에서 내려와
B: (환하게 웃으며) 멋지게 방해를 했어요. 대단했습니다!

7) 질문하는 자가 이긴다

① 의문사로 하는 질문법

A: 가끔 나는 당신 머릿속에 얼토당토않은 생각만 들어 있는 게 아닌가 하는 생각을 해봐요.
B: 왜 가끔만 생각하시는 거지요?

② 역질문 법

A: 이것이 지도부 논의를 야기할 수 있을까요?
B: 무슨 일요?
A: 지도부 논의요
B: 그걸 무슨 의미로 이해하나요?
A: 지도부 교체요!
B: 지도부 중 한 명이 당신에게 왔던가요?
A: 아니요!
B: 아니면 당신이 우리 당의 지도부인가요?
A: 아니요!
B: 글쎄 한 번 봅시다!

③ 보충질문 법

A: 왜 당신은 항상 그렇게 반항적이에요?

B: 항상요?

A: 당신은 계속 지각을 하고 있군요!

B: 계속요?

④ 탁구 기법

A: 인원 감축 때 사람들이 당신을 해고시키지 않았는데, 당신은 그걸 어떻게 생각하세요?

B: 아는 바가 없어요. 당신은 도대체 그것을 어떻게 생각해요?

A: 왜 유대인은 질문을 하면 항상 역질문으로 대답하는가요?

B: 왜 유대인은 질문에 역질문으로 대답하면 안 됩니까?

⑤ "당신 생각엔 그게 더 좋겠어요?"

A: 당신 뇌의 절반을 수술해 내버린 것 같아.

B: 당신 생각엔 전체를 수술해 내버렸다면 더 좋겠어요?

A: 립스틱이 잔에 묻어 있네요?

B: 당신 생각엔 립스틱이 접시에 묻어 있다면 더 좋겠어요?

A: 너는 항상 얼굴이 빨갛게 된다.

B: 네 생각에는 얼굴이 파랗게 된다면 더 좋겠니?

8) 멍청하게 처신하라

A: 이 전문서적을 이해나 하고 읽고 있는 겁니까?

B: 아니요. 단지 그림만 구경하고 있어요.

A: 랍비여, 세움에 있는 유대인 가문에서 위대한 인물이 태어났는지 말씀 좀 해 보시구료!

B: 아니요, 장군님! 제가 알기로는 여기서는 단지 어린애만 태어났어요.

## 서양의 교회 유머

### 1) 헌 금

학교 운동장에서 세 명의 소년이 자기 아버지 자랑을 했습니다.

소년 1: 우리 아버지는 종이에 단어 몇 개를 긁적이면, 그걸 시라고 하는데 사람들이 시 한 편에 50달러씩 줘.

소년 2: 그건 아무 것도 아니야. 우리 아버지가 종이에 몇 마디 적어 놓으면, 그걸 노래라 하는데 100달러씩 받지.

소년 3: 너희들 둘은 아무 것도 아니야. 우리 아버지는 종이 위에 몇 자 긁적이면 그걸 설교라 하는데, 돈을 받기 위해 헌금위원 여덟 명이 필요하지!'

두 명의 사제가 헌금에 대해서 얘기했다.

사제 1: 나는 항상 지폐는 꺼집어 내고, 동전만 하나님께 바치지.

사제 2: 나는 다른 방식으로 해. 전체 헌금을 위로 높이 던지고, "하나님, 필요하신 것은 가지세요." 그리고 다시 아래로 떨어지는 것을 내가 갖지.

한 남자가 사제에게 와서 개에게 세례를 베풀어 달라고 했다.

사제: 그건 말도 안돼!

남자: 그 개가 가족이나 마찬가지에요. 그리고 제가 10,000유로를 헌금하겠습니다.

사제: 그럼 좋소, 그런데 아무에게도 말하면 안 돼요.

개가 세례를 받았다. 그런데 그 남자는 당연히 그걸 만나는 사람마다 얘기했다. 드디어 주교도 그걸 듣게 되었다. 주교가 그 사제를 불렀다.

주교: 개에게 세례를 준다는 게 도대체 말이나 돼요?

사제: 그 남자가 10,000유로를 헌금했습니다.

주교: 견진성사는 언제 받나요?

사제, 랍비, 이맘이 서로 얘기를 나눴다. 헌금이 문제였다. 랍비와 이맘은 헌금의 일부를 사회적 목적을 위해서 쓰기로 합의했다. 그들은 거기에 대해서 아무 말도 하고 있지 않은 사제를 바라보며.

랍비와 이맘: 당신은 어떻게 할래요?

사제 : 나는 매주 헌금을 받아 그것을 공중으로 던져요. 하나님이 취하시는 것은 하나님의 것이 되지요.

2) 천국

천국 문 앞에 한 설비업자가 와서 베드로에게 물었다;

설비업자: 억울합니다. 제가 왜 이렇게 빨라 죽어야 합니까? 이제 겨우 37세인데요.

베드로: (책을 뒤적여 보더니) 자네가 고객들한테 한 계산 대로라면 자넨 벌써 93세라네.

비행기 안에 네 사람이 앉아 있었다. 트럼프, 이기주의자, 교황, 열 살 소년이었다. 그때 기장이 와서 말했다.

기장: "비행기에 문제가 있어요. 유감스럽게도 모두 낙하해야 합니다. 그런데 낙하산이 세 개밖에 없네요."

이기주의자: "난 최고야, 세상이 아직도 날 필요로 해."(낙하산을 하나 메고 뛰어내렸다)

트럼프: "난 세상에서 가장 똑똑한 사람이야. 세상이 아직도 날 필요로 해." (그도 뛰어내렸다.)

교황: (꼬마에게 남은 하나의 낙하산을 주며) "난 어차피 천국에 가거든.
그러니 네가 뛰어내려."

꼬마: "필요 없어요. 트럼프가 제 배낭을 갖고 갔어요!"

3) 담배와 술

나는 오늘 친구와 교회에 갔었어. 갑자기 그가 담뱃불을 붙이는 거야. 내가 그걸 믿을 수가 없었어. 그가 교회에서 담배를 피우다니 말이야! 놀라서 하마터면 맥주잔을 손에서 떨어뜨릴 뻔했어!

4) 예수님

비밀 경찰이 교회에 다니는 사람을 심문했다.

경찰: 너 방금 교회에 갔다 왔지 인정해!

교인: 예.

경찰: 십자가에 달린 예수님의 발에 입을 맞추었다는 것을 인정하는가?

교인: 예.

경찰: 우리의 동지 호네커의 발에도 입을 맞출 수 있는가?

교인: 그가 십자가에 달린다면 물론 할 수 있지요!

### 5) 십계명

목사님 두 분이 만났다.

목사 1: 어제 내 자전거를 도둑맞았어.

목사 2: 목사님, 다음 주 설교하실 때에 십계명을 설교하세요. "도둑질 하지 말라"라고 하시며 회중석에서 누가 움찔하는지 살피세요.

그 다음 주,

목사 2: (소식을 궁금해 하며) 잘 됐어요?

목사 1: 그렇긴 한데, 목사님이 생각하는 것과는 달리 진행되었어요.

8계명 '도적질 하지 말라' 그 앞에 7계명 '간음하지 말라'가 먼저 나오는데, 그때 나는 내 자전거를 어디에다 두었는지 떠올랐어요.

### 6) 돔

A: 세계에서 가장 작은 돔(=성당)은?

B: 콘돔.

A: 쾰른 성당과 콘돔의 차이는?

B: 종이 안에 달려 있느냐, 밖에 달려 있느냐의 차이

### 7) 가톨릭의 독신주의

A: (한 신부님이 다른 신부님에게) 독신주의가 폐지되는 것에 대해서 어떻게 생각해요?

B: 우리 당대에는 그렇게 될 리가 없어. 우리들 자식 대에 가서는 모르겠지만.

랍비와 사제가 열차 칸에서 같이 앉게 되었다. 그들이 서로 대화를 하게 되어 사제가 랍비에게 물었다.

사제: 당신들 종교에서는 돼지고기를 먹지 못한다는 것으로 알고 있어요. 당신 혹시 한 번 맛본 적은 있소?

랍비: 솔직히 얘기하면 이따금씩!

잠시 뒤에

랍비: 당신들 종교에서는 사제가 독신으로 살아야 한다고 알고 있어요. 당신 혹시?

사제: 뭘 물어보려고 하는지 알겠소. 이따금씩 유혹에 빠졌지요.

잠시 뒤에

랍비: (사제를 빤히 바라보며) 그게 돼지고기보다 더 낫소, 뭐가 더 낫소?

8) 종교 간 차이

개신교 목사, 가톨릭 신부, 그리고 유대교 랍비가 새 승용차를 샀다. 다음 토요일 세차하는 날로 통지를 받았다. 개신교 목사와 가톨릭 신부가 한 양동이 물을 가져와서 그들의 승용차 위에 부었다. 그러자 랍비가 그걸 보고 한참 생각하더니 톱을 가져와서 배기통을 톱질했다.

그의 부인 왈: 당신 도대체 거기서 뭐하는 거에요?

랍비: 둘이가 그들의 차에 세례를 주고 있으니 나는 할례를 해야지.

9) 주기도문

Our Father which art in heaven,
Hallowed be thy name.
Thy kingdom come.
Thy will be done in earth, as it is in heaven.
Give us this day our daily bread.
And forgive us our debts,
as we forgive our debtors.
And lead us not into temptation,
but deliver us from evil:
For thine is the kingdom,
and the power, and the glory, for ever.

Amen.

코카콜라 사장이 바티칸으로 가서 주기도문을 "일용할 양식(빵)을 주옵시고(Give us this day our daily bread)" 대신에 "일용할 코카콜라를 주옵시고(Give us this day our daily Coke)"로 바꿔주면 10만 달러를 주겠다고 했다. 비서가 거절하자 20만 달러, 50만 달러를 주겠다고 했으나 실패했다. 결국 1000만 달러까지 올라갔다. 그러자 비서가 망설이더니 교황 전하께 인터폰으로 이렇게 얘기했다. "교황님, 빵집과 계약이 언제 만료됩니까?"

10) 성령

교황이 신분을 숨기고 베니스에서 여행하다 곤돌라에서 떨어졌다. 물은 깊지 않았으니 교황은 계속 깊이 빠져갔다. 한 곤돌라가 다가와서 "제가 도와드릴까요?" 그러자 교황은 "아뇨, 성령님께서 날 도와 주실거요." 물이 목까지 차오르자 곤돌라가 다시 다가와 "제가 도와드릴까요?"교황은 다시 "아뇨, 성령님께서 틀림없이 날 도와주실 거요." 교황이 익사하여 천국에서 성령님 앞에 서게 되었다. "사람들이 당신을 필요로 할 때 당신은 오시지 않으시더구먼요!" 그러자 성령님께서 "온종일 이리저리 누가 노를 젓고 돌아다녔다고 생각하니?"

11) 결혼

한 부인이 천국에 갔다. 베드로에게 남편을 좀 만나게 해 달라고 했다.
베드로가 컴퓨터로 막 검색을 하더니 찾을 수 없다고 했다. 아마도 성인들 중에 있나 보다 하고 다시 찾았다. 거기에도 없었다. 그 다음에는 복자 중에서 찾아 보았다. 거기도 없었다.

베드로: 도대체 결혼한 지 얼마나 됐소?

부인: (자랑스럽게) 48년 되었습니다.

베드로: 아 알았어요. 그가 순교자들 중에 있어요.

12) 하나님의 능력

어느 날 한 남자가 하나님께 여쭈었다.

남자: 하나님, 당신에게 1세기란 무엇입니까?

하나님: 단지 1초이지.

남자: 그러면 당신에게 백만 유로는 무엇입니까?

하나님: 단지 1페니히이지.

남자: 그러면 제게 1페니히를 주시겠어요?

하나님: 1초만 기다려!

13) 회개

어린 시절에만 해도 나는 매우 경건했고, 종종 기도했다. 나는 이런저런 소원이 이뤄지길 원했다. 하나님이 내게 자전거를 선물해 주시길 2주간이나 기도했다. 그러나 아무것도 이뤄지지 않았다. 절망한 나머지 나는 자전거를 훔쳤다. 그리고는 그 다음 2주간이나 용서를 구했다. 이것은 확실히 성공적인 것으로 증명되었다.

14) 적 그리스도

교황이 서거하여 천국문에 이르렀다.

베드로: 당신 이름이 뭐요?

교황: 저는 교황입니다.

베드로: ('교황, 교황' 하고 중얼거리며) 미안하오, 내 책에서 이런 이름을 가진 자가 아무도 없소.

교황: 저는 지상에서 하나님의 대리자란 말이오.

베드로: (당황하여) 지상에서 하나님께서 대리자를 두셨다고요? 재미있는 일이네. 하나님께서 내게 그런 말씀을 일체 하시지 않으셨는데?

교황: (얼굴이 벌겋게 되어 대들면서) 나는 가톨릭 교회의 수장이오!

베드로: 가톨릭 교회? 들어본 바가 없는데? 잠깐 기다리시오, 내가 하나님께 여쭈어보지요.

베드로 : (그가 뒤쪽으로 하늘로 가서 하나님께) 하나님, 지상에서 하나님 대리자라는 사람이 한 사람 와 있습니다. 그가 교황이래요. 그가 하나님을 위해 무슨 일을 했습니까?

하나님 : 아니. 나는 그를 몰라, 그에 대해서 아무 것도 몰라. 잠깐 기다려봐. 내가 예수에게 물어보지. 예수야!

예수님 : 예, 아버지, 무슨 일이 있습니까?

(하나님과 베드로가 그에게 상황을 설명했다.)

예수님 : 잠깐만요, 제가 한 번 그를 보고 곧 돌아올께요. (10분 뒤에 예수님이 배꼽을 잡고 웃으면서 다시 돌아왔다.) 난 모르겠소, 혹시 내가 2000년 전에 창설했던 작은 어부 단체 기억하십니까? 그게 여전히 있네요.

15) 고해성사

술에 취한 한 사람이 비틀거리며 교회로 들어가더니 고해성사 하는 곳으로 들어갔다. 사제는 그 사람이 고해를 시작하도록 기다렸다. 그러나 그는 아무 말이 없었다. 잠시 뒤에 사제가 물었다.

사제: 사랑하는 아들아, 내가 뭘 도와 줄 수 있겠니?

술에 취한 사람 : (혀가 꼬부라진 소리로) 네 칸에는 화장지가 있어?

16) 세례

미군 부대가 나토 훈련 차 스웨덴으로 갔다. 그들 중에 몇 명이 예배드리러 갔다. 하지만 그들은 스웨덴어를 한 마디도 알아듣지 못했다. 예배 중에 그들 중 한 명이 일어섰다. 그리고 다섯 명도 나가기로 결심했다. 그들이 일어섰을 때 전체 교인들이 웃기 시작했다. 그들이 사제에게 도대체 무엇 때문에 웃는지 물었다.

**사제**: 방금 유아세례를 베풀고 있었는데, 내가 '아버지 되시는 분 일어서세요!'하고 말했지요.

17) 하나님의 속성

사제의 과일 농장에서 과일을 누가 훔쳐갔다. 그래서 "하나님은 모든 것을 아신다." 하고 간판을 세워두었다. 다음날 그 밑에 이렇게 써 놓았다: "그러나 그는 고자질은 하지 않으신다."

종교 수업시간에 사제가 하나님에 대해서 말했다. 그리고 하나님은 어디에서나 현존하신다고 설명했다. 그 다음에 어린 프릿츠에게 물었다.

**사제**: "그렇다면 너희 집에서 하나님은 지하실에도 계시니?

**프릿츠**: 아뇨.

**사제**: 너 믿음이 없는 애야, 하나님이 너희집 지하실에도 현존하신다는 걸 왜 믿지 못하니?

**프릿츠**: (흐느끼기 시작하며) 우리집은 방갈로여서 지하실이 없어요.

18) 천국

한 사제가 랍비를 만났다

사제: 어젯 밤에 꿈을 꾸었어. 유대인의 천국이었지. 아주 많은 사람들이 있더군, 시끄럽고, 마늘냄새도 나고. 견딜 수가 없었어.

랍비: 어젯 밤에 나도 꿈을 꾸었어요. 가톨릭 천국이었는데, 너무 조용하더군요! 좋은 냄새도 나고. 그런데 거기에 사람이 없었어요.

19) 주일 성수

예루살렘의 랍비가 영국으로 업무차 여행을 갔다. 그는 매우 일찍 깨어났다. 기도와 금식 외에 모든 것이 금지된 유대인 최고의 명절인 화해의 날이었다. 그는 호텔 발코니로 걸어가서 골프장을 바라보았다. "이렇게 이른 아침에는 아무도 나를 발견하지 못할 거야!" 골프백을 들고 와서 첫 홀의 1구를 치러 갔다.

(위의 하늘에서)

베드로: (하나님께) 랍비가 화해의 날에 뭘 하고 있는지 보고 계시지요? 하나님께서 그에게 벌을 주셔야지요!

하나님: (고개를 끄덕이며) 그 랍비가 쳤어. 홀인원이야!

베드로: 저는 이해를 못하겠어요. 벌을 주실 거지요?

하나님: 벌을 주고 있잖아! 도대체 그가 그 얘기를 지금 누구에게 얘기할 수 있겠니?

사제와 골프 선수가 골프장에 갔다. 골프 선수가 공을 치자 홀을 지나갔다.

골프선수: "제기랄, 그 옆으로"

사제: 그런 말을 하면 안 돼요.

골프선수: (다시 시도했으나 또 다시 공이 홀 옆으로 지나갔다.) "제기랄, 그 옆으로."

사제: 다시는 그런 말 하지 마세요. (화가 나서) 다시 그런 말을 하면 하나님께서 당신 위에 번개를 내리실 거야.

(네 번째에도 공이 홀에 들어가지 않았다)

골프선수: (전 골프장이 떠나가도록) "제기랄, 그 옆으로!"

갑자기 번개가 하늘에서 내리쳤다. 골프선수 대신 사제가 맞아 쓰러졌다.

하나님: 제기랄, 그 옆으로!

20) 시편 107편 7절

젊은 수녀가 히치 하이크를 하여 차를 타고 갔다. 운전기사가 보기에 그녀는 매우 섹시했다. 그래서 그의 손을 그녀의 무릎에 가까이 댔다. 그때 수녀가 속삭였다. "시편 107편 7절".[133] 당황해서 운전기사는 중지했다. 집에 가서 그는 성경을 찾아 읽어보았다.

시편 107편 7절: 또 바른 길로 인도하사 거주할 성읍에 이르게 하셨도다.

### 21) 회개?

한 젊은 사제가 설교 중에 하는 말: 나는 술에 취한 사람이 술집에서 걸어 나올 때마다 이렇게 말해요. "잘못된 길을 걸어가고 있어요. 길을 돌이키시오!"

### 22) 부활

한 가톨릭 사제가 저축한 것을 교회 내 제단 위 성궤 속에 보관하고 이렇게 써 놓았다. "여기에 주님께서 자고 계신다!" 어느 날 그의 돈이 사라졌다. 성궤에는 다른 쪽지가 붙어 있었다. "주님께서 부활하셨다. 더 이상 여기에 계시지 않는다.

### 23) 기도

경건한 부인이 앵무새 한 마리를 갖고 있었다. 그 앵무새는 꾸준히 "나는 창녀 로라다." 이렇게 외쳤다.

사제: (부인에게) 제가 성경이나 읽고 있는 베드로와 바울이라는 앵무새 곁에서 교육을 시켜드리지요.

새장에서 앵무새 베드로와 바울은 경건하게 성경과 찬송가 앞에 앉아 있었다. 그런데 로라가 또 외치기 시작했다.

---

133) 독일 유머에는 시편 90편 5절로 "너는 바른 길에 있나니(Du bist auf dem richtigen Weg)"로 되어 있으나 실제 시편 90편은 다른 내용이다.

로라: 나는 창녀 로라에요.

베드로: 바울아, 성경책을 닫어! 주님께서 우리들의 간청을 들어주셨어.

24) 개종

랍비가 하나님께 가서 말했다.

랍비: 오 하나님, 제 아들이 기독교로 개종했어요.

하나님: 내 아들도.

랍비: 하나님께서는 뭘 하셨는데요?

하나님: 신약을 만들었지.

25) 유대인

교황과 랍비가 함께 식사하러 갔다.

교황이 부드러운 돼지고기 구이를 주문하고 랍비에게 말했다.

교황: 언제쯤 관용을 가지시고 우리와 함께 이 음식을 즐기실 수 있을까요?

랍비: (웃으면서) 교황께서 결혼하시는 날에요.

이기려고 하는 데에서는 유머가 나오지 않는다. 이기려고 하는 것은 전형적인 성인전략이다. 남이 나무라거나, 흠을 잡고 나무라듯 달려들면 바보처럼 그걸 인정하고, 수용하며 물러서라. 유머의 힘은 바로 거기서 나온다. 우리는 너무 어른스럽다. 수시로 아이가 되려고 하자. 복잡하게 잔머리 굴리지 말고, 단순하게 생각하고, 단순하게 행동하자. 남에게 폐를 끼치는 일이 아니라면 내가 바보가 되는 일을 자처하자. 소욕 축소! 욕심을 줄이는 것이 행복해지는 비결이다. 그때에 유머가 솟아난다. "그리스도보다 더 그리스도적이 되려고 하지 말자"는 말을 음미하며 살자. 우리가 네 번째로 좋은 사과를 먹으면 안 되나? 네 번째로 좋은 의사에게 진료를 받으면 안 되나? 마크 트웨인은 담배를 끊지 못하는 자신의 처지를 이렇게 변명했다. "담배를 끊는 것보다 더 쉬운 것은 없다. 나는 그것을 벌써 백서른일곱 번이나 끊어봤다."여유가 없이 어떻게 이런 유머가 나올 수 있을까?

# 밤베르크와 황후 쿠니군데 폰 룩셈부르크

네 이웃이 하나님을 믿도록 하려면
하나님이 만들어낸 네 모습을
네 이웃이 보게 하라

- 랠프 왈도 에머슨(1803~1882) -

## 왜 밤베르크와 쿠니군데 폰 룩셈부르크에 대한 이야기인가?

독일 바이에른 주에 있는 밤베르크는 1993년에 세계문화유산으로 지정된 도시이다. 일곱 언덕 위에 세워진 도시라 하여 흔히 로마와 비교된다. 그래서 밤베르크는 '프랑켄 지역의 로마(Fränkisches Rom)'라는 별명을 가지고 있다. 그 일곱 언덕은 슈테판스베르크(Stephansberg), 카울베르크(Kaulberg), 알텐부르크(Altenburg), 야콥스베르크(Jakobsberg), 미헬스베르크(Michelsberg), 아프츠베르크(Abtsberg), 그리고 돔베르크(Domberg)이다. 슈테판스베르크에는 슈테판교회(Stephanskirche), 카울베르크에는 위쪽 교회(Obere Pfarre), 야콥스베르크에는 야콥교회(Jakobskirche), 미헬스베르크에는 미헬스베르크 수도원(Kloster Michelsberg), 돔베르크에는 밤베르크 대성당(Bamberger Dom)이 있다. 모두는 아니라 할지라도 대부분의 언덕에 지금도 상징적 교회가 여전히

서 있다는 것만으로도 의미가 있다. 두드러지게 솟아 있는 미헬스베르크를 제외한다면 지금은 이들 언덕들이 하나의 마을로 연결되어 있어서 특별히 일곱의 언덕으로 구분하기는 힘들다. 이처럼 밤베르크는 교회(혹은 성당)를 중심으로 세계문화유산의 도시에 어울리는 여러 가지 역사적 자원을 가지고 있다. 그 이외에도 구시청 등 많은 볼거리를 가지고 있다.

밤베르크는 그러나 무엇보다도 믿음이 좋은 하인리히 2세 황제와 황후인 쿠니군데 폰 룩셈부르크(Kunigunde von Luxembur)에 대한 이야기의 중심 무대이다. 종교개혁 이후 가톨릭과 개신교회로 나뉘어진 오늘날의 시각에서 보면 밤베르크는 가톨릭의 전통 속에 있는 도시이지만, 기원후 1000년 대의 시간 속에서 일어난 것을 감안한다면 종교개혁이 일어나기 500년이나 이전 시대의 이야기이다. 그런 점에서 우리들의 현재의 믿음을 지금으로부터 약 1000년 전의 하인리히 2세 및 쿠니군데 황후의 믿음에 비추어 보고자 하는 것이 본 장의 목적이다. 다소 신비주의적으로 들릴지 모르나 황후 쿠니군데처럼 많은 전설을 만들어 내는 믿음 있는 기독교인들을 한국교회에서 많이 볼 수 있기를 갈망해 본다. 우리의 신앙생활이 전적으로 하나님을 의지하는 그 믿음 속에 있다면 쿠니군데에게 일어난 기적들이 그냥 이야기 속의 전설로서가 아니라 오늘날 우리들에게도 나타나지 않을까?

## 도시 밤베르크에 대한 전설[134)]

다음은 밤베르크라는 도시에 대한 전설이다.

“필립이라는 바벤베르크 사람(Philipp der Babenberger)이 부하들과 함께 사투를 벌였던 라인에서 마인가우를 거쳐 그의 고향인 동쪽지역으로 되돌아가고 있었다. 지금의 밤베르크 근처에 멈춰서 진을 쉬게 하였다. 화창한 5월의 날이었다. 그들은 말에게 물을 먹이고, 그들도 먹고 마셨다. 그들의 전쟁경험을 서로 이야기하기 위하여 무리로 모여 앉아 있었다. 필립은 바람도 아주 온화하여 큰 참나무 아래에 가서 쉬었다. 경비병을 제외하고 그와 그의 군사들이 잠들었다. 새들도 자장가를 불렀다. 필립은 기이한 꿈을 꾸었다. 그는 지금까지 가 본 적이 없는 신들의 거룩한 정원에 가 있었다. 그의 앞에는 천사의 모습을 한 아름다운 여인이 서 있었다. 그녀가 일곱 언덕에 대해서 이야기했고, 그가 여기 머물러 언덕 위에 큰 성을 짓도록 말했다. 하나님이 이 부지를 그에게 선물했다는 것이다. “여기에 너의 성을 지어라!”라는 부드럽고 달콤한 목소리가 들렸다. 그녀가 손을 뻗어 “저길 봐”하고 소리쳤다. 그때 그는 큰 나무들이 서 있는 일곱 언덕을 보았다. 가장 큰 언덕 위에서 그는 그의 부하들과 함께 나무를 베었다. 갑자기 바닥에서 육중한 요새가 자라났고, 그는 그 아름다운 부인과 그 안에서 살았다. 이

134) Andreas Haupt(2002): Die schönsten Bamberger Sagen und Legenden, Bamberg 1877, neu herausgegeben von Gerhard Krischker, S. 9 - 11. http://www.sagen.at/texte/sagen/deutschland/bayern/bamberg/bamberg.html에서 재인용.

부인은 일곱 아들을 낳았고, 각 아들들은 각기 하나의 언덕에 성을 지었다. 그래서 이 성이 도시가 되었다.

성인들이 와서 그의 집에서 살았다. 그 다음에 번쩍이는 날들이 그의 눈앞을 스쳐지나갔다. 그의 부족의 위대한 사람들이 그와 그의 자손 집에 들렀다. 그는 육중한 건물이 하늘로 솟아오르는 것을 보았다. 그가 본적이 없는 것이 꿈속에서 그에게 보였다. '이건 교회였다'라고 생각했다. 그때 그의 영혼도 이 건물로 들어갔다. 영혼은 그 안에서 아름답게 번쩍이는 옷을 입고 평화를 느꼈다. 그 여인이 손을 내리자 큰 건물을 가진 도시가 사라졌다. 그 여인이 나직이 다시 이야기했다. "이 축제의 도시에 첫 주춧돌을 놓아라!" 그러자 그가 잠에서 깨어났다.

저녁이었다. 그는 오랫동안 잠을 잤고, 그의 부하들도 여전히 잠을 자고 있었다. 그는 그가 꾼 꿈을 곰곰이 생각했다. 그는 우선 그 꿈을 떨쳐버리려고 했으나 그렇게 되지 않았다. 그 꿈은 더 깊이 자리 잡고 있었다. 필립은 이제 일어났다. 알지 못하는 것이 그를 그 인물이 지시한 방향으로 데리고 갔다. 벌써 어두워지기 시작했다. 그러나 달이 하늘 높이 떠 있었다.

필립이 한 시간 쯤 가자 오두막 하나가 나타났다. 그가 재빨리 그리로 갔을 때 그는 갑자기 마법에 걸린 것처럼 서 있어야 했다. 그 오두막 앞에서 그는 그가 꿈에서 본 아름다운 여인을 보았다. 그는 그가 어디 있는지 물었다. 그때 '숲속 사랑'이라고 하는 그 아가씨가 "일곱 언덕이 있는 대지 위에 있다"고 대답했다. 이제 그는 조급해졌다. 꿈이 실현될까?

그 아가씨는 그녀의 아버지와 여기서 홀로 살고 있다고 했다. 그를 환대하고자 하오니 그에게 집으로 들어가자고 했다. 그는 감사하며 수락했다. 필립이 그 부녀와 저녁식사를 할 때에 마법이 그의 심장을 묶어 놓는 것을 느꼈다. 그는 항상 숲속 사랑이라는 여인을 바라봐야만 했다. 그는 그의 전투와 부하들에 대해서 이야기했다. 그때 주인이 그의 부하도 불러오라고 했다. 그가 이제는 길을 찾을 수 없을 것 같아 주저했다.

숲속의 사랑이 그에게 길을 가르쳐 주겠다고 했다. 그들은 달이 아름답게 비추는 가운데 숲속을 가로질러 나란히 조용히 걸어갔다. 이것은 그가 이날 꾼 두 번째 꿈이었다. 그는 더 이상 참지 못하고 그녀에게 사랑을 고백했다. 그리고 그의 첫 번째 꿈에 대해서 이야기했다. 그때 숲속의 사랑은 이번에는 실제로 그 말을 말했다. '거기 머물러 당신의 성을 지으시오!'

필립은 그의 부하들과 함께 일곱 언덕 부지 위에 성을 지었다. 그리고 그 성을 바벤베르크라고 불렀다. 바벤베르크가 발전하여 오늘날의 밤베르크가 된 것이다."

## 황제 하인리히 2세와 황후 쿠니군데 폰 룩셈부르크

하인리히는 973년 5월 6일 레겐스부르크 근처 압바흐(Abbach)에서 장자로 태어났다. 그의 아버지 하인리히 데어 쳉커(Heinrich der Zänker)와 아버지의 사촌인 황제 오토 2세 사이에 알력이 있어서 공작의 지위를 빼앗기게 되었고, 아버지는 우트레히트에서 폴크마르(Folkmar) 주교의 보호를 받게 되었는데, 이것이 어린시절 하인리히에게 하나의 전환점이 되었다. 부모와 떨어져 힐데스하임에 있는 교회학교(Domschule)에 다니게 되었다. 여기서 읽기와 쓰기, 성경, 라틴어, 예배학, 신학적 사상에 대해서 배웠다. 978~985년 사이에 이 학교를 다니게 되었다.

983년 12월 7일 오토 2세가 로마에서 갑작스럽게 서거하자 그의 아버지는 상속권을 포기하고 오토 3세가 왕위에 오르도록 길을 열어주었다. 그리고 공작의 지위를 회복하여 985년에 레겐스부르크로 돌아왔다. 이것이 하인리히로 하여금 주교 볼프강과 수도사 람볼트 폰 상트 엠머람과 교제할 수 있게 했다. 이런 만남은 하인리히로 하여금 후일 교회개혁과 교회정치에 결정적 영향을 주었다고 한다.[135)]

995년 8월 28일 아버지 하인리히 데어 첸커가 44세에 질병으로 사망하자 하인리히는 22살에 바이에른 공작으로 선출되었다. 그리고 998년/1000년에 변경백의 딸 쿠니군데와 결혼했다. 쿠니군데는 지크프리트 폰 륏첼부르크(Siegfried von Lützelburg) 변경백의 딸로서 당시로서는 별로 중요하지 않은 가문 출신이었다. 하지만 칼 대왕(샤를마뉴대제)의 후손이었다. 쿠니군데는 지크프리트 폰 륏첼부르크의 열한 자녀 중 여섯 번째로서 985년에 트리어에서 태어났다. 그녀는 그곳 상트 막시민(St. Maximin) 수도원 학교와 교회학교에 다녔다. 그녀는 거기서 물레, 직조, 뜨개질, 바느질 등을 배웠다.

998년 8월 25일에 쿠니군데의 아버지 지크프리트가 사망하고, 그 해 12월 13일에 어머니 하트비히(Hadwig)가 사망했다. 이때쯤 하인리히

---

135) Jennifer Asel(2009): Das Kaiser Heinrich II. und Kunigunde. Regenten zwischen und Religion. Diplomatica Verlag. 9쪽.

와 쿠니군데는 이미 결혼했을 것이라고 추정한다. 쿠니군데는 하인리히와의 결혼으로 신분이 크게 상승하였다. 왜냐하면 하인리히는 오토 왕가와 친척간이었기 때문이다.

1002년 1월 말에 젊은 황제 오토 3세가 예기치 않게 후사가 없이 이탈리아에서 서거했다. 하인리히 폰 바이에른 공작이 친척관계로 보나 권력 위치로 보나 왕좌에 가장 가까웠다. 그는 오토가 하인리히 1세, 즉 그의 증조할아버지의 직계 남자로 유일하였다. 장례식 이후에 제국의 홀을 요구했으며 거부감이 있었으나 홀이 그에게 전해졌다. 바이에른과 프랑켄, 그리고 오버 로트링엔이 그를 지지하였다. 오버 로트링엔이 그를 지지하는 데에는 쿠니군데와 그녀의 가문이 역할을 하였다.[136)]

1002년 6월 7일 하인리히는 마인츠에서 대주교 빌리기스(Willigis)를 통하여 바이에른 공작에서 왕으로 대관식을 올렸다. 통상은 아헨에서 대관식을 올리는데 마인츠 성당에서 대관식을 올린 것이다. 이런 이유로 하인리히는 처음에는 제국 내에서 거의 지지를 받지 못하였다.

1002년 8월 10일 쿠니군데가 신성로마제국의 첫 여왕으로 파더본에서 대주교 빌리기스를 통하여 대관식을 하였다. 왕과 왕비가 함께 제국의 왕으로 대관식을 한 것이다. 쿠니군데의 대관은 작센지역을 하인리히의 통치권에 합세시키는 역할과 쿠니군데의 지위를 합법화하는 역할을 하였다. 아울러 후세에 신성로마제국에서 왕비의 대관식이 규정화 되었다. 대관식을 올린 상트 로보리우스(St. Loborius) 교회는 그 2

---

136) Frank G. Hirschmann u. Romain Maréchal(2011): Die heilige Kaiserin. Kunigunde von Luxemburg. Trier: Verlag Michael Weyand. 11쪽.

년 전에 큰 화재가 일어났기 때문에 대관식이 장엄하게 거행된 것은 아니었다. 그러나 그 후로 하인리히의 왕권이 공고해져 갔다.

교회 내부에 있는 황후 쿠니군데 초상화

1004년 5월 14일[137]에 하인리히는 파비아에서 이탈리아 왕으로 대관하였다. 1014년 2월 14일 하인리히와 쿠니군데는 베네딕트 8세 교황을 통하여 로마제국의 황제와 황후로 대관하였다. 쿠니군데는 통치자(conregnans)이다. 그녀는 자신의 통치권을 인지했을 뿐만 아니라 그녀와 그녀의 샤를마뉴 대왕 가문의 혈통은 하인리히 2세의 왕권을 합법화하는데 기여하였다.[138]

하인리히는 1024년 7월 13일 괴팅엔 근처에 있는 팔츠 그로네에서 서거하였다. 쿠니군데는 6주 동안 통치를 하다 새로이 선출된 콘라트 2세에게 홀(통치권)을 넘겨주고, 1025년 7월 13일, 하인리히가 서거한지 꼭 1년이 되던 해에 그녀가 세운 카우풍엔(Kaufungen) 수도원에 수녀로 들어갔다. 1033년 3월 3일 쿠니군데는 그 수도원에서 일반 수녀의 신

카우풍엔 수도원 교회

137) 위의 책 15쪽에서는 1004년 3월 말에 이탈리아 왕으로 대관식을 한 것으로 되어 있다.

138) 위의 책 23쪽.

분으로 하늘나라로 갔다.

1146년 7월 13일 하인리히 2세는 교황 오이겐 3세를 통하여 성인으로 선포되었다. 이 때 그 이유로 교회를 세우고, 특히 밤베르크를 위하여 황제가 무한히 동정을 지킨 것(integra castitas)이 그 이유라고 한다. 1200년 3월 29일 쿠니군데는 교황 이노센트 3세를 통하여 성인이 되었다. 여기에는 불에 달군 쟁기 전설과 같은 쿠니군데를 둘러싼 여러 전설들이 크게 기여한 것으로 보고 있다.[139] 아울러 황제 부부가 성인으로 추대된 데에는 무자한 것이 중요한 역할을 하였음이 틀림없다. 후세의 많은 사람들은 이들이 요셉혼(Josefehe)을 했을 것이라고 주장한다. 그러나 그것에 대한 아무런 증거는 없다.

그녀는 아기가 없는 자와 아기를 잉태한 자를 돕는 자로 숭배되었다. 그 후에 쿠니군데 숭배사상이 생겨나서 점점 초지역적으로 퍼져나갔다.

## 밤베르크와 황제 하인리히 2세

이 성은 원래 바벤베르거 가의 소유였다. 그러나 '바벤베르거 결투(Babenberger Fede)'라고 하는 콘라트 가와 바벤부르거 가의 전투에서 바벤부르거 가가 패배하였다. 그 결과 밤베르크는 루트비히 4세(893~911)에게로 넘어가고 오토 2세(955~983)에게까지 전해졌다. 그러나 오토 2

139) 위의 책 30쪽 참고.

세 황제는 973년 밤베르크를 그의 사촌인 바이에른 공작, 하인리히 데어 쳉커(951~995)에게 주었다. 하인리히 데어 쳉커는 995년 사망하였다. 그래서 아들 하인리히, 즉 하인리히 4세가 상속하였다. 1002년 그는 하인리히 2세 왕으로, 1004년부터는 독일-이탈리아의 왕으로, 그리고 1014년부터는 신성로마제국의 하인리히 2세 황제가 된다. 대관식을 하자마자 하인리히 2세는 밤베르크에 교회를 짓고, 밤베르크를 주교좌 도시로 만들었다.

## 밤베르크 교회(Bamberger Dom St. Peter und St. Georg)

먼저 교회의 연혁을 살펴보고, 밤베르크 성당 내에 있는 중요한 조각 및 부조물을 살펴보자.

### 1) 연혁

약 600년 이후로 돔 언덕 위에 사람이 살기 시작함.

902 바벤부르크(Babenburg)가 처음으로 언급됨.

1004 황제 하인리히 2세가 교회의 기초석을 놓음.

1007.11.01. 밤베르크가 주교좌 도시로 됨.

1012.05.06. 처음으로 성당 헌당식을 함(Heinrichsdom).

1046 두 번째 밤베르크 주교였던 "주이디거(Suidger)"가 교황 클레멘트 2세로 선출됨.

그의 무덤이 밤베르크 성당 내에 있음. 알프스 이북에 있는

밤베르크 성당

유일한 교황 무덤.

1081.04.03 성당 대 화재.

1087 임시로 재건.

1185 대 화재와 철거.

1237.5.6. 성당 재 헌당식; 1987년 현 성당 750주년 기념식.

1415 첫 성당 오르간 언급; 현재 성당 오르간은 1976년의 것.

1611 바로크 양식 시작; 30년 전쟁 후까지 계속됨.

1802.11.29. 교회재산 국유화(Säkularisation).

1817 밤베르크가 대주교좌 도시로 됨.

아이히슈테트, 슈파이어, 뷔르츠부르크 주교좌 도시가 여기 에 속함.

1829 바이에른 왕 루트비히 1세 주도로 정화운동 시작.

2007 주교좌 도시 1000년 기념식.

2012 성당 헌당식 1000년 기념식.

### 2) 에클레시아(Ecclesia; Ekklesia)와 시나고게(Synagogue: Synagoge)

에클레시아(ἐκκλησία)는 희랍어로 '민중의회'를 의미하였다. 이것이 중세에는 기독교인의 교회, 교회 건물, 혹은 기독교를 의미하게 되었다.[140] 시나고게(συναγωγή)는 희랍어로 '회중들이 모이는 건물', 혹은 '예배를 드리는 건물'을 의미하였다. 그런데 중세에는 유대인 교회나 유대교를 상징하게 되었다. 그런데 이 두 단어가 중세에 오면서 기독교와 유대교를 상징하는 여성 인물로 의인화된다. 그런 점에서 중세 교회 건축물 이해를 위해서는 이들에 대한 이해가 꼭 필요한 것이다.

그밖에 중세의 해석에 따르면 에클레시아는 신약의 복음을, 시나고게는 구약의 율법을 상징한다.

의인화된 에클레시아 여성 인물은 아름답고, 거만한 모습이다. 십자가는 기독교를 상징하며, 손에 든 성배는 예수그리스도의 보혈을, 그리고 그들이 쓰고 있는 왕관은 시나고게, 즉 유대교에 대한 승리를 의미한다.

시나고게는 대부분 연약하고 패배한 여인의 모습이며, 대부분 고개

140) 행 7:38, 행 11:26, 고전 15:9에서는 에클리시아를 '교회'로, 행 19:39에서는 '민회'로 번역하고 있다.

를 돌리고 있다. 에클레시아에 이길 수 없다는 모습이다. 바닥에 놓인 왕관과 부러진 칼은 유대교가 기독교에 우월권을 넘겨준다는 것을 상

에클레시아

시나고게

징한다. 눈에 붕대를 감고 있는 것은 메시아로서 나사렛 예수 그리스도에 대해 유대교가 영적으로 눈이 멀었음을 의미한다. 나아가서 시나고게 조각은 손에서 토라가 미끄러져 나간다. 파리의 노트르담 사원, 밤베르크 성당, 프라이푸르크 성당, 슈트라스부르크 성당, 멧츠 성당, 트리어 성모마리아 교회의 에클레시아와 시나고게 조각이 특히 유명하다.

### 3) 4개의 문

#### 가. 아담의 문(Adamspforte)

좌편에는 스데반과 쿠니군데, 그리고 하인리히 황제가 있다. 문의 오른편에는 베드로와 아담과 이브가 있다. 여기서 베드로가 열쇠를 갖고 있지 않는 것이 특징이다.

아담의 문

나 제후문(Fürstenportal)

밤베르크 성당의 제후문(Das Fürstenportal)은 밤베르크 성당의 네 개의 문 중의 하나이다. 제후문의 팀파눔(Tympanum; Tympanon)은 가운데 왕좌에 앉아 손을 뻗고 있는 재판장으로서 예수 그리스도를 통하여 세계 심판을 서술하고 있다. 그의 옆에 마리아와 세례요한이 꿇어앉아 그를 쳐다보며 그의 발을 붙잡고 있다. 그들 사이의 관에서 두 명이 사자(死者)가 올라오는 것은 부활을 상징한다. 예수님의 입장에서 예수 그리스의 오른 편에는 복된 자들이 있다. 예수님은 그들을 바라보는 듯한 모습이다. 세 명의 천사들이 고난의 상징인 십자가, 창, 가시 면류관을 손에 들고 있다. 그 외 두 명의 천사들이 한 왕을 안내하고 있다. 예수님의 오른쪽 아래에 세 명의 인물은 그들의 손을 기도하는 모습을 하고 있다. 재판관 그리스도의 왼쪽에는 저주받은 자들이 그려

제후문의 팀파눔

져 있다. 복된 자들과는 달리 여섯 인물의 얼굴은 기이한 모습으로 찡그린 얼굴을 하고 있다. 문제는 그들 중에 왕, 교황, 주교, 그리고 돈자루를 꽉 잡고 있는 욕심쟁이가 있다. 벌거벗은 사탄이 저주받은 자를 사슬로 묶어 끌고 가고 있다.

제후문의 아래쪽에는 사람이 있는 12개의 기둥이 있다. 그 중 아래의 사람들은 구약의 12 소선지서 아모스, 하박국, 학개, 호세아, 요엘, 요나, 말라기, 미가, 나훔, 오바댜, 스가랴, 스바냐를 나타내고, 그들 위에 있는 사람들은 예수님의 열두 제자들이다. 여기에서도 구약에 대한 신약의 우위를 나타낸다.

제후문의 열두 제자와 율두 소선지자

다. 마리아 문(Marienpforte) 혹은 은혜의 문(Gnadenpforte)

성모 마리아가 아기 예수를 안고 있고, 바라보는 입장에서 그 오른편에 왕관을 쓴 두 인물은 하인리히 황제와 쿠니군데이다. 쿠니군데는 교회를 들고 있다. 왼편에는 베드로와 게오르크가 있다. 베드로는 책을 들고 있고, 게오르크는 칼을 들고 있다.

마리아문 혹은 은혜의 문

라. 파이트 문(Veitspforte)

상트 파이트 목사관으로 들어가는 문이다. 장식이 가장 간단하다.

### 4) 황제와 황후의 무덤

1499년에 시작하여 1513년에 완성된 하인리히와 쿠니군데의 무덤은 당대의 유명한 조각가 틸만 리멘슈나이더(Tilman Riemenschneider)의 작품이다. 그들의 발아래에는 마름모꼴(Raute)의 바이에른 문장과 룩셈부르크를 상징하는 사자(Roude Lew)가 있다. 일반적으로 남자의 발에는 힘을 상징하는 사자가, 여자의 발에는 충성(Treue: 정조로도 번역됨)을 상징하는 개가 있지만, 여기서는 쿠니군데의 발 아래에도 사자가 있다. 이것은 쿠니군데가 독자적으로 공작으로서, 왕비로서, 황후로서 통치권을 행사했음을 말한다.

그런데 여기서 쿠니군데의 관이 하인리히 황제의 관 오른편에 놓여 있다. 이것은 일반적인 독일 및 우리나라의 묘의 위치와 다른 것이다. 그만큼 밤베르크에서 쿠니군데가 차지하는 비중이 큰 것이다.

밤베르크 성당 내에 있는 하인리히 2세 황제와 황후 쿠니군데의 지상묘

## 성 미하엘 교회(St. Michaelskirche)

### 1) 연혁

밤베르크가 주교좌 도시로 된 이후에 첫 주교였던 에버하르트(Eberhard)가 1015년 베네딕트 수도원을 세웠다. 1117년 지진으로 파손되었다. 오늘날 건물의 핵심부는 로마네스크 양식으로 1121년에 세워진 것이다. 1610년 화재로 인해 손상을 입었으며, 그로 인하여 신랑(身廊)의 천장을 새로이 지었다. 1617년 평평했던 천장은 궁융형으로 대체되었다. 1833년 루트비히 1세 왕의 지시로 16~18세기의 밤베르크 주교들의 묘비가 세워졌다. 2012년에 심각한 건물 손상이 발견되어 현재 수리중이다. 공사는 2021년 말까지 예상되고 있다. 화려한 식물표본(Herbarium)이 그려져 있다. 578종의 식물과 약초가 그려져 있어 천상의 식물정원의 모습이다.

성 미하엘 교회

### 2) 성 오토 대주교의 관

성 오토 대주교의 무덤은 특이하다. 관이 뚫려 있다. 그를 숭배하는 사람들은 허리를 숙여 통과할 수 있다. 그렇게 하면 허리가 아픈 사람이 낫는다는 설이 있다. 관을 바라보는 입장에서 관의 우편에는 스데반이, 그리고 좌편에는 하인리히와 쿠니군데가 새겨져 있다.

## 알테 호프할퉁(Alte Hofhaltung)

알테 호프할퉁은 주교의 관사이다. 이 건물에서 유명한 것은 그 건물로 들어가는 현관문이다. '아름다운 문'이라고 일컬어지는 그 문은 특별한 조각이 새겨져 있다. 판크라츠 바그너(Pankraz Wagner)가 1573년에 조각한 것이다. 가운데에 마돈나가 아기 예수를 안고 있다. 하인리

알테 호프할퉁 전경

히 2세와 쿠니군데가 마돈나를 호위하고 있고, 밤베르크 성당 교회를 들고 있다. 바라보는 입장에서 마돈나의 우편에 쿠니군데가, 그리고 좌편에 하인리히 2세가 있다. 하인리히 2세 옆에는 게오르크가 있고 , 쿠니군데 옆에는 베드로가 있다. 조각 그림의 끝에 두 사람이 누워있다. 왼쪽 남자는 마인강, 오른쪽 여자는 레그니츠 강이 의인화 되어 있다. 남자의 발에는 개가 새겨져 있고, 여자의 옆에는 아이가 있다. 마인강은 천천히 흐르고, 레그니츠 강은 자주 홍수를 일으키므로 마치 놀고 있는 아이와 같다.

## 카우풍엔(Kaufungen)

히르쉬만과 마레칼에 따르면 쿠니군데는 결혼선물로 받았던 밤베르크를 다시 내어놓아야만 했기 때문에 그 보상으로 1008년 카우풍엔을 미망인이 되었을 때 사용할 부지로 하인리히 2세 황제로부터 받았다고 한다.[141] 1017년 봄에 그녀는 그곳에 수도원을 세우겠다고 서약했다. 그리고 그해 12월에 이미 수녀들이 살았다고 한다. 1019년에 쿠니군데는 남편과 함께 카우풍엔으로 갔으며, 하인리히 황제는 거기에 쿠니군데의 질녀인 우타(Uta)를 수도원장으로 앉혔다. 아마도 왕궁의 기존 건물을 개축하여 수도원으로 사용한 것으로 추정한다.[142] 카우풍엔 수도원교회(Klosterkirche)는 1018년에 건립이 시작되어 1025년 7월 13

141) Frank G. Hirschmann u. Romain Maréchal(2014): 24쪽.

142) 위의 책 27쪽.

카우풍엔 수도원 교회

일에 헌당식을 가졌다. 이날은 하인리히 2세 황제 서거 1주년이 되는 날이며, 쿠니군데가 수녀의 신분으로 수도원에 들어간 날이다. 거기서 그녀는 1033년 3월 3일 서거할 때까지 머물렀다.

## 쿠니군데 폰 룩셈부르크에 대한 전설[143)]

### 1) 성 쿠니군데의 반지

한번은 황제 하인리히와 황후 쿠니군데가 밤베르크 근처에서 산책을 했다. 그날은 축제 전야였다. 모든 종들이 내일 축제의 시작을 알렸

143) Lioba Ziegler-Schneikart(2011): Der Kunigundenweg. Von Aub nach Bamberg. Bamberg: Heinrichs-Verlag. 105~111쪽 및 곽병휴(2003): 도시 속의 독일문화(상), 육일문화사. 157~161쪽 참고.

다. 특히 돔에 달린 두 개의 종도 조용한 하나님의 축복을 받은 밤베르크 들판 위로 웅장하게, 그리고 조화롭게 울렸다. 그 중의 하나는 황제가, 다른 하나는 쿠니군데가 최근에 세운 것이다. 그때 두 부부는 서로 자신의 종이 더 아름답게 울린다고 다투기 시작했다. 쿠니군데는 다툼으로 흥분하여 손에서 반지를 빼면서 '이 반지가 내 종을 맞히고 당신 종을 맞히지 않는다면 내 종이 가장 아름답고 가장 순수한 울림을 갖고 있다는 것이다'라고 말하면서 그 값비싼 반지를 공중으로 내던졌다. 반지는 교회의 탑까지 공중으로 날아가서 종에 구멍을 뚫었다. 그럼에도 불구하고 그 종은 웅장하게, 순수하게, 그리고 변함없이 울렸다. 하인리히 2세 황제는 여기서도 졌음을 알았다. 왜냐하면 그는 쿠니군데에게 항상 졌기 때문이다. 심지어 죽어서도.

2) 뜨거운 동전

밤베르크 돔이 건립되었을 때 쿠니군데는 저녁에 모든 일꾼들에게 당시 풍습처럼 임금을 전달한 것이 아니라 그녀는 관리인에게 은전이 담긴 대접을 주고 그 대접을 건물 내에 두게 했다. 그러면 일꾼들은 각자 약조한 만큼 가져갔다. 그러나 오래지 않아 관리인이 빈 대접을 가지고 와서 인부들 중에 도둑이 있다고 불평했다. 왜냐하면 돈이 모자랐기 때문이다. 쿠니군데는 관리인에게 잘 감시하도록 했다. 그래도 별 소용이 없었다. 쿠니군데는 하인을 의심하기 시작했다.

그때 그녀가 한 번은 직접 대접을 들고 공사장으로 가서 큰 성문 아래에 두었다. 인부들이 지나가면서 쿠니군데 앞에서 무릎을 꿇고 임금을 가지고 갔다. 어떤 한 인부가 다가왔다. 그는 매우 겸손했다, 쿠니

뜨거운 동전

군데에게 세 번이나 인사를 하고 그가 대접에 손을 넣기 전에 그녀의 옷자락에 입을 맞추기까지 했다. 그러나 그의 손이 동전을 건드리자마자 그는 큰 소리로 외쳤다. 그러면서 마치 고통스러운 것을 내던질 때처럼 손을 멀리 내쳤다. 그때 빛나는 동전 세 개가 모래에 떨어졌다. 이 동전들이 그의 손에 피 낙인을 찍었다. 그는 그 수치스런 낙인을 죽을 때까지 가지고 다녀야 했다. 하나님의 성인 앞에서는 비천하고 순수하지 못한 것은 그 무엇도 존재할 수 없었기 때문에 그래서 도둑이 발각된 것이다.

### 3) 불 시험

하인리히 황제와 쿠니군데는 형제자매처럼 함께 살았다. 서로 아주 사랑하고 충절을 다했다. 한쪽이 원하는 것을 다른 쪽이 원했고, 한

쪽이 있고자 한 곳에 다른 쪽도 있으려고 했다. 그래서 황제가 쿠니군데와 서로 멀리 떨어져 있으면 날마다 말을 타는 사자를 부인에게로 보냈다. 언젠가 그 마부가 황제에게 공작의 편지를 들고 왔다. 그 안에는 황후가 명예와 예절을 잊고 황제에게 정절을 어기고 은밀히 매시간 그녀 집을 드나드는 한 시종에게 빠져 있다고 했다. 황제는 진심으로 격노했으나 침묵하고, 자신의 눈에서 그녀를 추방하겠다고 생각했다.

그가 밤베르크로 갔을 때 쿠니군데가 큰 무리의 호종을 거느리고 그를 맞으러 왔다. 그는 전처럼 그녀에게 인사하지 않았고, 그녀의 손도 잡지 않았으며, 그녀와 대화도 하지 않았다. 그녀는 이를 슬퍼하여 수건을 가리고 은밀히 울었다. 그러나 그녀는 하나님 때문에 그녀의 슬픔을 참았다. 황제가 날마다 그의 부인의 얼굴을 피하고, 신하들이 그녀를 홀겨보기 시작했을 때 그녀는 어느 날 그녀 신하의 방으로 들

불에 달군 쟁기 위로 걸어가는 쿠니군데

어가 불경스럽게 바라보는 이유가 뭔지를 물었다. 그때 황제가 그녀의 나무랄 점이 뭔지를 털어놓았다. 그녀는 주 그리스도께 그녀의 무죄를 맹세하고, 황제에게 그녀의 순결을 증명할 수 있도록 재판을 해 줄 것을 간청했다.

그러나 황제는 머리를 가로 저으며 그의 부정을 공개하고 싶지 않다고 말했다. 그러자 쿠니군데는 하늘을 향하여 손을 들고 외쳤다: "그럼 지고하신 하나님께서 저의 재판관이 되어주세요. 성 바바라의 날에 12개의 벌겋게 달군 쟁기를 놓고 제가 당신의 면전에서, 그리고 고귀한 주교의 면전에서 그 위에 올라서기를 원하시면 올라서지요. 그러면 정말 저에게 씌워진 그 죄의 책임이 있는지가 증명될 것입니다."

황제는 그의 부인의 정절을 믿고 싶었기 때문에 그때 기뻐했다. 정한 날에 신하들이 교회에 왔고, 쿠니군데는 주교와 전체 성직자들을 데리고 왔다. 거기에 벌겋게 달군 쟁기가 놓여 있었다. 쿠니군데는 꿇어앉아 팔을 높이 들고 열심히 기도했다. "하나님, 당신만이 저의 무죄를 아십니다. 그러니 당신이 성자와 순교자들에게 당신을 증명해 보이셨듯이 제게도 오늘 분명히 당신을 증명해 보여주세요." 황제는 쟁기가 아주 벌겋게 불타는 것을 보고 쿠니군데의 얼굴이 천사의 얼굴처럼 비치는 것을 보고 그녀의 발 앞에 엎드려 "부인, 그만 두시오!"하고 말했으나 쿠니군데는 "아뇨, 그렇게 하지 않으면 어떻게 나의 무죄가 밝혀지겠어요?" 그녀는 맨발로 용기 있게 첫 번째 쟁기를 밟았다. 그리고 아침 이슬이 내린 곳에서 풀과 꽃길 위를 산책하듯 맨발로 걸어갔다. 그리고 그녀가 다시 대리석 바닥을 밟게 되었을 때 그녀의 발바닥은 신생아의 발바닥처럼 부드럽고 다친 곳이 없었다. 그때 황제가 쿠니군데 앞에 무릎을 꿇고 그녀의 발에 입을 맞추며 울었다. 신하들은 모두 그 순결한 여인 앞에 무릎을 꿇었다. 그녀가 큰 영광과 함께 다시 돌아왔고, 황제는 마치 성인을 섬기듯 그녀를 섬겼다.

### 4) 쿠니군데와 빨래하는 여인

황제 하인리히 2세의 부인 쿠니군데는 기도와 경건한 훈련을 진심으로 좋아하여 벌써 살아 있을 때에 성인의 평판을 받았다. 이것이 엄청난 질투를 잠재우지 못했으며, 악담하는 혀들은 경건한 쿠니군데의 훌륭한 이름을 욕되게 하는 일에 여전했다. 험담하는 사람들은 그녀의 경건해 보이는 삶은 위선이라고 했다. 사람들 앞에서만 미덕이 있는 체 하고, 은밀하게 악덕에 빠져 있고 남편에게 정절을 지키지 않는다고 했다. 그런 비방을 쿠니군데에게 숨기지 않았다. 그러나 쿠니군데는 그리스도의 정신을 따라 체념과 인내로 견뎌내고, 악에 악으로 보복하지 않았다.

한 번은 쿠니군데가 친한 하녀와 함께 밤베르크의 레그니츠 강가를 산책했다. 다리로 가서 그 강을 건너 가려고 했다. 강가에서 빨래하고 있는 여인들을 발견했다. 그녀는 서서 열심히 빨래하는 이들을 구경했다. 이들 중 한 명이 쿠니군데를 발견하고 손으로 그녀를 가리키며 "보시오, 저기 가짜 성녀, 부정한 여인이 서 있소!" 이런 모욕적인 말 때문에 피가 갑자기 쿠니군데의 이마와 뺨으로 솟구쳤다. 분노한 나머지 그녀의 뺨이 벌게졌다. 그러나 그녀는 꾹 참고 아무런 대꾸 없이 그 다리를 떠났다. 그녀가 성에 도착한 후에 그녀는 바구니에 세 병의 포도주와 각종 빵을 담아 하인으로 하여금 레그니츠 강가의 여인들에게 가져다주라고 명령했다. 그리고 '가짜 성인, 부정한 여인이 이것을 여러분들에게 보냈습니다'라고 말하라고 했다. 하인은 강가로 가서 여인들을 발견하고 쿠니군데가 시키는 대로 했다. 빨래하는 여인들은 처음에는 놀라 그 안을 들여다 보고, 그 다음에는 그것들을 집어 쿠니군데의 선물을 맛보기 시작했다. 그들 중의 둘은 빵과 포도주가 맛이 좋다고 말했다. 그러나 경건한 쿠니군데의 얼굴에 대고 욕을 한 세 번째 여인은 빵을 당장에 내 뱉어야 했다. 그녀의 입에 들어가자 빵이 돌로 변해버렸기 때문이다. 병에서 포도주를 들이켰더니 입에 들어가자 그것은 김빠진 물이 되었다. 다른 이들은 같은 병의 포도주를 마셨더니 여전히 멋진 포도주였다. 그때 모두는 모함을 받은 쿠니군데가 무죄하다는 것을 하늘이 직접 증명해 보여준 증거 때문에 전율했다. 이런 기이한 사건의 소식이 멀리 퍼져 모든 험담은 수그러들었다.

### 5) 쿠니군데의 장갑

한 번은 쿠니군데가 황제와 함께 건립한 교회로 갔다. 하나님에 깊이 빠져서 그녀가 혼자이며 하녀들이 아무도 그녀를 따르고 있지 않다는 것을 몰랐다. 그녀가 기도를 끝낸 후에 헌물을 바치기 위해 제단으로 나아갔다. 장갑을 벗고 습관대로 뒤돌아보지 않고 되돌아왔다. 그러나 장갑은 바닥에 떨어지지 않았다. 햇살이 높은 창을 통하여 재단 뒤에서 부셔졌다. 마치 보이지 않는 손이 나르듯 그 날개 위에서 쿠니군데의 장갑이 둥둥 떠서 따라왔다. 그녀가 몸을 돌렸을 때 그 기적에 거룩한 기쁨에 젖어 서 있었다. 왜냐하면 이제 그녀는 하나님께서 그녀와 함께 하고 계시다는 것을 알았기 때문이다. 하나님께서 사자를 보내어 그녀를 돕도록 했기 때문이다.

### 6) 쿠니군데의 실

쿠니군데가 밤베르크에서 어느 날 저녁에 그녀 방의 창가에 앉아 실의 물레를 잦는 일에 몰두하고 있었다. 창밖을 내다보니 밤베르크가 석양에 놓여 있었다. 그때 그녀는 격한 소망을 느꼈다. "오 하나님, 이 실오라기가 이 도시를 영원히 모든 불행에서 보호하게 해 주소서!"

그리고 그녀는 갑자기 자신 속에 기적의 힘을 느꼈기 때문에 그녀는 자아진 실오라기와 함께 북을 공중으로 던졌다. 마치 천사가 나르듯이 실이 밤베르크 시와 시의 담장 위로, 그리고 다시 시를 돌아 전체 시 위로 돌아갔다. 면사포와 같은 섬세한 직물이 밤베르크 시 위에 놓이게 되었고, 이것이 완전히 직조되었을 때에 비로소 북이 쿠니군데로 다시 되돌아 왔다.

실제로 그 도시는 그 후 수백 년 간 흑사병으로부터 보호되었으며, 그 후 진행된 전쟁에서도 밤베르크는 큰 불행에서 계속 보호받았다.

### 7) 처녀, 처녀에게 양보하라(Cede virgo virgini)

그의 영부인 쿠니군데의 관도 넣기 위하여 성 하인리히의 관을 열고 황제의 왼편에 관을 놓을 자리를 비워두었다. 그때 "Cede virgo virgini!(처녀, 처녀에게 양보하라)"는 목소리가 울렸다. 그리고 곧 하인리히의 시체가 왼쪽으로 움직여 쿠니군데를 오른쪽에 놓게 하였다.

### 8) 불꽃에 휩싸인 쿠니군데

하인리히 황제가 서거하자 쿠니군데는 세상을 완전히 단념하고 머리수건을 썼다. 금식과 기도로 하루하루를 보내고, 육체를 가혹하게 고행하며, 이따금 가난한 사람과 환자들에게로 가서 그들을 섬겼다. 어느 날 하인과 이웃을 위하여 너무 오래 기도를 했기 때문에 그녀가 늦게 침실로 돌아갔다. 그녀는 잠도 오래 자지 않고 기도를 하려고 했기 때문에 작은 책상을 앞에 놓고 촛불 속에서 성경을 읽기 시작했다. 잠시 후에 눈이 감길 정도로 지쳐 있었다. 그때 양초가 그녀의 손에서 미끄러져 밀짚에 옮겨 붙은 것을 그녀는 깨닫지 못했다. 수녀들이 불이 났음을 알고 그것을 끄기 위하여 바삐 달려왔다. 그 수녀들은 황후가 불에 타 죽지나 않았을까 걱정을 했다. 그러나 그들은 쿠니군데가 불꽃 가운데에서 조용히 잠자는 것을 보고 매우 놀라 그들의 눈을 의심했다. 쿠니군데가 깨어 일어나자마자 그녀는 기도하고 불을 축복했다. 그러자 이 불이 곧 사그라졌다. 수녀들은 무릎을 꿇고 앉아 성모마리아에게 한 성인을 보내 준 것을 감사했다. 쿠니군데도 마찬가지로 하나님을 찬양하고 자비를 베풀어 주신데 대해서 감사했다고 한다.

운트러 브뤼케 위의 쿠니군데

우리는 지금까지 밤베르크, 황제 하인리히 2세, 그리고 황후 쿠니군데에 대해서 살펴보았다. 밤베르크는 황제 하인리히 2세와 쿠니군데를 통하여 거룩한 도시가 되었다. 그러기에 그들은 주교로부터 왕 대관식을, 그리고 교황으로부터 황제 대관식을 거행하였다. 뿐만 아니라 그들은 사후에 성인 반열에 올랐다. 부부가 성인으로 추대된 것은 하인리히와 쿠니군데가 유일한 예라고 한다. 지금도 밤베르크는 황제 하인리히 2세와 쿠니군데를 칭송하고 있다. 그것은 왕으로서 훌륭한 정치력을 발휘했기 때문이라기보다는 훌륭한 신앙인으로서 모범적인 삶을 살았기 때문이 아닌가 생각한다. 그러기에 밤베르크의 많은 건축물에 하인리히와 쿠니군데가 조각으로 새겨져 있다. 필자는 한 도시와 신앙인이 이렇게 밀접하게 아름다운 연관을 맺어 유익한 소문을 후세에까지 남기가 정말 쉽지 않다고 생각한다. 그들의 이름으로 전해지는 여러 전설은 우리에게 신앙생활에 새로운 도전을 준다. 우리는 그들의 미담을 전설로서 이야기 할 것이 아니라 우리의 삶 속에서 하나님의 능력이 증거될 수 있도록 믿음에 더욱 정진해야 할 것이다.

# 부활절 : 가장 오래된 기독교 절기

부활절을 아는 사람이라면 절망할 수 없다.

- 디트리히 본회퍼(1906~1945) -

## 부활절은 언제인가?

성탄절과 관련하여 앞에서도 언급한 바가 있다시피 부활절은 유대인의 유월절과 관계있다. 그래서 많은 언어에서 부활절은 유월절을 일컫는 히브리어 'פֶּסַח(Pesakh)'를 차용하고 있다. 덴마크어 påske, 프랑스어 Pâques, 그리스어 πάσχα, 이탈리아어 Pasqua, 노르웨이어 påske, 포르투갈어 Páscoa, 러시아어 Пасха, 스페인어 Pascua, 터키어 Paskalya 등. 그런데 독일어에서는 부활절을 'Ostern'이라 하고, 영어로는 'easter'라 한다. 이 두 단어의 어원에 대해서는 게르만의 봄의 여신 'Ostara'에서 유래되었다는 설도 있지만, '여명'이라는 뜻의 고 게르만어 'austro'에서 왔다는 설도 있다.[144)]

144) Anke Fischer(2004): 12쪽; Dietz-Rüdiger Moser(2002): 150쪽에서는 영국의 교회사학자 베다 베너랄리비스(Beda Venerabilis)가 738년에 주장한 게르만 봄의 여신 숭배설을 1959년 본의 언어학자 요한 크놉로흐(Johann Knobloch)에 의거하여 근거 없는 것이며, 오히려 어근 'ausos'에서 파생한 인도게르만어

예수님은 유대력으로 니산월 14일에 십자가에 달려 돌아가셨고 삼 일 만에 부활하셨다. 돌아가신 날을 성 금요일(영 Good Friday; 독 Karfreitag)이라 부른다. 그 전날 목요일은 예수님이 제자들과 최후의 만찬을 한 날이자 제자들의 발을 씻어준 날이다. 이를 성 목요일(Holy Thursday), 혹은 세족 목요일(Maundy Thursday)이라고 한다. 독일에서는 이날을 푸른 목요일(Gründonnerstag)이라 한다. 성 금요일 이후 토요일을 성 토요일(영 Holy Saturday ; 독 Karsamstag)이라 부른다. 그리고 부활절 주일, 그다음 날이 부활절 월요일이다.

부활절 주일은 325년 니케아 종교회의에서 날짜를 결정했다. 춘분 이후 첫 보름 이후 첫 주일이다. 2018년의 경우 춘분 이후 첫 보름이 3월 31일이다. 그러므로 2018년의 부활주일은 4월 1일이었다. 그런데 2019년의 경우 춘분 날이 음력 2월 보름이다. 춘분 이후 첫 보름은 4월 19일이므로 음력 4월 21일이 부활절 주일이다. 부활절은 양력으로 3월 22일부터 4월 25일 사이에 있다. 유럽에서는 부활절 월요일은 많은 나라에서 공휴일이다.

성탄절이 그렇듯이 부활절도 사십일의 준비 기간과 부활절 이후 사십일, 그리스도의 승천일까지가 부활절 절기와 관련해 있다. 부활절의 사십 일 이전이기는 하지만 여기에 주일을 포함시키지 않기 때문에 실제로는 부활절 주일로부터 46일 이전인 소위 '재의 수요일'부터 부활절을 준비한다. 부활절 준비 기간이란 금식과 참회의 기간이다. 느슨한 금식은 고기만 먹지 않는 것이고, 엄격한 금식은 곡류까지 먹지 않

---

'Eostro(여명)'가 어원이라는 주장에 동조한다.

는 것이다. 그러나 보통 사람의 경우 사십 일 간을 물과 소금만으로 버티기 힘들다. 그래서 수도원을 중심으로 맥주 양조가 발달했다는 것은 잘 알려진 사실이다. 맥주에 들어간 맥아 곡류는 용납되었기 때문이다. 서양의 부활절 문화는 이처럼 시간 구분이 필요하다.

## 부활절 기간의 다른 요일 명칭과 문화

### 1) 카니발과 재의 수요일

기독교 신자로서 부활절 준비 기간은 전통적으로 사십 일 간의 금식과 참회 및 기도로 시작한다. 니케아 종교회의에서도 사십 일 간의 금식에 대해서 말하고 있다고 한다.[145] 이 기간은 소위 재의 수요일부

145) Hermann Kirchhoff(1995): Christliches Brauchtum. Feste und Bräue im Jahreskreis. München : Kösel. 92쪽 참고.

터 부활절 주일까지이다. 이미 말했듯이 이 기간 동안 일요일은 사십 일에서 제외하므로 실제로 사십육 일이다. 사십 일 동안의 금식의 근거는 예수님의 사십 일 동안의 광야 시험기간(마 4:2), 사십 주야 동안의 노아의 홍수(창 7:4-6), 이스라엘 백성들의 사십 년 간의 광야 생활(출 16:35), 모세가 시내산에서 하나님과 함께 보낸 사십 일 간(출 24:18), 요나가 니느웨 성으로 들어가 사십 일이 지나면 멸망할 것이라고 한 예언(요나서 3:4)에 근거한다. 카니발은 금식에 들어가기 직전까지의 일탈 기간이다. 카니발이라는 단어는 후기 라틴어 'carne levare'에서 왔다고 한다. '육식을 끊는다' 라는 의미이다. 일반적으로 로마 가톨릭 문화권에서 카니발은 재의 수요일 이전의 기간에 벌어진다. 2019년 재의 수요일은 3월 6일이다. 3월 5일 자정까지 각 지역에 따라 나름대로 일정을 짜서 카니발 기간을 즐길 뿐만 아니라 관광 기간으로 홍보하고 있다. 여기서는 카니발에 대해서 설명하는 것이 주목적이 아니므로 이 정도로 해 두자. 쾰른 카니발에 관심이 있는 자는 필자의 졸저『베를린에서 쓴 독일, 독일인』(2007)을 참고하기 바란다.

그런데 카니발 기간이 다른 곳이 있다. 스위스 바젤이다. 2019년으로 예를 들어 설명하자면 바젤에서는 재의 수요일 이후 첫 월요일(3.11) 새벽 4시부터 수요일(3.13) 새벽 4시까지 72시간이 바젤의 카니발(Basler Fasnacht) 기간이다. 굳이 설명하자면 주일까지 포함하여 부활절의 약 사십 일 이전이다. 카니발 문화는 가톨릭 국가를 중심으로 특히 발달해 있다. 우리나라에는 이런 카니발 문화가 아직 들어오지는 않았다. 카니발은 군중이 대규모로 함께 해야 하는 축제이다. 아마도 우리의 국민성이 미치광이로 무너져서 함께 축제에 동참하는 일과는 거리

감이 있는 듯하다.

### 2) 종려주일과 고난주간

고난주간은 종려주일과 더불어 시작된다. 이 풍습은 이미 6세기부터 시작되었다고 한다. 예수님의 예루살렘 입성을 기리는 것이다. 해당하는 대목을 묘사하고 있는 마태복음과 누가복음의 내용은 다음과 같다.

> "나귀와 나귀 새끼를 끌고 와서 자기들의 겉옷을 그 위에 얹으매 예수께서 그 위에 타시니 무리의 대다수는 그들의 겉옷을 길에 펴고 다른 이들은 나뭇가지를 베어 길에 펴고 앞에서 가고 뒤에서 따르는 무리가 소리 높여 이르되 호산나 다윗의 자손이여 찬송하리로다 주의 이름으로 오시는 이여 가장 높은 곳에서 호산나 하더라 예수께서 예루살렘에 들어가시니 온 성이 소동하여 이르되 이는 누구냐 하거늘"(마 21: 7-10)

> "그것을 예수께로 끌고 와서 자기들의 겉옷을 나귀 새끼 위에 걸쳐 놓고 예수를 태우니 가실 때에 그들이 자기의 겉옷을 길에 펴더라. 이미 감람 산 내리막길에 가까이 오시매 제자의 온 무리가 자기들이 본 바 모든 능한 일로 인하여 기뻐하며 큰 소리로 하나님을 찬양하여 이르되 찬송하리로다 주의 이름으로 오시는 왕이여 하늘에는 평화요 가장 높은 곳에는 영광이로다 하니"(눅 19: 35-38)

인용한 성경말씀 중에 종려나무라는 말은 없다. 아마도 종려나무 가지였을 것이라고 추측한 것이다. 종려나무 가지는 그리스 신화에서 승리, 평화, 생명을 상징한다고 한다. 초기 기독교 신자들이 그 의미를 따온 것이다. 이는 예수님께서 죽음을 극복하고 승리한 자임을 나타내기 위함이다.[146] 종려주일에 종려나무 가지를 교회로 가져가는 풍습은 9세기 경에 첫 증거가 발견된다고 한다. 종교개혁 때에 논란이 있었지만 오늘날 개신교 지역에서도 여전히 남아 있는 풍습이다. 교회에서 기도를 받은 후에 다시 집으로 가져가서 적당한 곳에 세워둔다. 그러면 불, 번개, 우박, 악령, 질병, 흉작으로부터 보호를 받는다고 생각했다. 농부들은 종려나무 가지를 들판 모퉁이에 꽂아두어 악령으로부터 보호를 받으려 했다.

종려주일에서 부활절 주일 사이의 기간을 우리는 흔히 고난주간이라 일컫는다. 영어로는 holy week(거룩한 주간)' 혹은 'great week(위대한 주간)'이라고 하고, 독일어로는 'Karwoche'라 한다. 중고독일어 'kar'는 고트어 'kara(근심, 걱정)'에서 왔다. 영어의 'care'와 어원이 같다. 그런데 독일어에서는 그밖에도 일컫는 말이 많다. 'Große Woche(위대한 주간)', 혹은 'Grüne Woche(푸른 주간)', 'Stille Woche(고요한 주간)', 'Taube Woche(귀머거리 주간)'이라고도 한다. 일컫는 말이 많다는 것은 다른 말로 하면 독일인의 삶에 중요한 부분을 차지했다는 말이다. 부활절 이전에 특히 중요한 세 날이 있다. 성 목요일, 성 금요일, 성 토요일이다.

### 3) 성 목요일

우리나라 개신교회에서도 성 목요일 밤에 예배를 드리는 교회가 있

146) Angelika Feihhauer(2000): 72쪽 참고; https://artedea.net/nike-geflugelter-erfolg/에서는 종려나무가 '승리', '기쁨', '부활'의 의미를 가지는데, 그리스 문화에서 로마문화를 거쳐 기독교 문화에서 종려주일에까지 이어진다고 본다.

는지 모르겠다. 필자가 연구년으로 독일에 있는 동안 성 목요일 밤 루터교회 예배에 참여한 적이 있다. 많은 성도님들이 모이지는 않았지만 성찬식을 함께 했다.

독일에서는 성 목요일을 '푸른 목요일(Gründonnerstag)'이라고 한다고 위에서 말했다. 어쩌면 번역이 잘못된 것인지도 모른다. 왜냐하면 여기서 'grün'은 그 어원이 색채 형용사에서 온 것이 아니기 때문이다. 그 어원은 'greinen(흐느껴 울다)'이라고 한다. 이 단어는 중고독일어 'gronan(weinen 울다)'에서 왔다고 한다.[147] 그런데 재미있는 것은 그 어원과는 상관없이 이 날에 푸른 색이 역할을 한다. 예전에는 녹색의 미사복을 입었고, 오늘날에도 시금치나 야채 등 초록색의 음식을 먹는 풍습이 있다. 심지어 일곱 가지 야채 죽, 아홉 가지 야채 죽, 열두 가지 야채 죽을 끓여 먹기도 한다.[148] 이것은 아마도 천둥의 신을 섬기던 이방 풍습에서 온 것이 아닌가 생각한다.[149] 그러나 앙겔리카 파일하우어(Angelika Feilhauer)는 이날 초록색 음식을 먹는 풍습 때문에 붙여진 것일 수 있다고 본다. 왜냐하면 유대인들의 유월절에 양고기, 무교병, 그리고 쓴 채소를 먹는 풍습이 있기 때문이다.[150] 전통적으로 교회의 종은 이날 밤 울리고 멈췄다가 부활절에 다시 울린다. 오르간 연주도 마찬가지라고 한다.

---

147) Franziska Schneider-Stotzer(2001): Von Frühlingserwachen, Ostern und Himmelfahrt. Luzern: rex Verlag; 72쪽, Fischer Anke(2004): 28쪽.

148) Sybil Gräfin Schönfeldt(1999): Feste & Bräuche durch das Jahr. Berlin: Urania. 81쪽 참고.

149) 위와 같은 쪽.

150) Angelika Feilhauer(2000): 74쪽 참고.

독일어로 성 목요일에 대한 다른 말이 있다. 그것은 'Antlasstag(사면의 날)'이다. 교회에서 치리를 받던 사람들이 성 목요일에 용서를 받고 다시 교회로 되돌아오는 날이라고 한다. 그 외에도 'Großer Donnerstag(위대한 목요일)', 'Hoher Donnerstag(숭고한 목요일)', 'Weißer Donnerstag(흰 목요일)' 등의 명칭이 있다.

성 목요일은 예수님이 제자들의 발을 씻어준 날이다. 요한복음 13장 4절에서 34절 사이에 예수님이 제자들의 발을 씻어준 이유를 설명하시고, 아울러 또한 제자들에게 '서로 사랑하라'는 새 계명(mandatum novum)을 주셨다.

### 4) 성 금요일

예수님이 십자가에서 돌아가신 성 금요일은 독일에서는 공식적으로 공휴일이다. 예로부터 이 날은 일뿐만 아니라 가무가 금지되었다. 이날은 모든 슈퍼마켓도 문을 닫는다. 그러므로 그 전날 먹을거리를 사놓아야 한다. 뿐만 아니라 믿음이 있는 성도의 가정에서는 육식을 하지 않는다. 사십 일 간의 금식에 동참하지는 못해도 적어도 성 금요일에는 육식을 하지 않는다. 필자가 독일인 가정에 초대되어 며칠간 머문 적이 있었는데, 성 금요일에 그들이 감자를 으깬 요리를 대접하면서 제대로 된 요리를 대접하지 못해서 아주 미안하게 생각했다. 우리나라에서는 하루나 한 끼, 아니면 일 주일 동안 하루 한 끼씩 금식을 하기도 하지만 성 금요일에 육식을 하지 않는다는 기독교 문화가 정착되어 있는 것 같지는 않다. 목사님들은 성도들에게 이런 것을 상기시켜 줄 필요가 있지 않을까 생각한다. 예수 그리스도의 죽음을 기리는 성 금요일 문화는 2세기로 거슬러 올라간다고 한다. 문헌에 따르면 가톨릭교회보다는 개신교회가 더 적극적이다. 예전에는 이날에 동물을 죽여서도 안 되고, 예수님께서 십자가에서 갈증을 느끼셨기 때문에 무엇을 마셔서도 안 되고, 고문 도구를 연상시키는 도구를 사용해서도 안 되고, 화려한 옷을 입고 다녀서도 안 되었다고 한다. 그리스도의 무덤에서의 안식을 방해하지 않기 위해서 무덤을 파거나 쟁기질도 금지되었다고 한다. 그 외에 여행을 떠나도, 세탁을 해도, 옷을 깁거나 이발을 해도 안 되었다고 한다.[151)]

만프레트 베커 후베르티(Manfred Becker-Huberti)의 다음 글을 읽으면 성 금요일에 개신교도들의 자세는 특별해야 할 것 같다는 생각이 든다.

> "성 금요일은 그리스도의 죽음을 생각하는 날이다. 개신교도들은 이날을 특별한 축일로 생각한다. 왜냐하면 종교 개혁가들은 예수님의 죽음을 구원의 전제로 강조해왔기 때문이다. 모든 기독교회에서 특별한 예배를 드린다. 개신교 가정에서는 적어도 식구 중 한 명이 예배에 참여하는 것이 아주 흔했다. 가톨릭교회에서는 성 금요일 예배 참여가 의무가 아니다. 가톨릭교회와 개신교회가 좋은 관계가 아니었던 시절에 가톨릭교도들은 그들에게는 성 금요일이 개신교도들과 같은 의미를 갖지 않는다고 여러 곳에서 시위를 벌였다. 예를 들면 성 금요일에 그들은 집에 페인트칠을 하기도 하고, 집 청소를 하거나, 들판에 나가서 거름을 주었다."[152)]

한국의 교회 문화와 독일의 교회 문화의 큰 차이 중의 하나는 고난주간 문화이다. 우리나라에서는 새벽기도를 중시한다. 고난주간 새벽

151) 위와 같은 책 76쪽 참고.

152) Manfred Becker-Huberti(1998): 285쪽.

기도는 모든 교회의 연례행사이다. 담임 목사의 목회 방침에 따라 새벽기도 기간의 차이만 있을 뿐이다. 독일 교회는 종려주일 이후 제단 위의 양초를 모두 치우고, 교회 내 장식은 사라진다. 필자가 관찰한 바로는 다만 헌화하는 양초는 그대로 있었다. 우리나라에서는 고난주간에도 예배실의 제단을 꽃으로 장식하는 경우를 종종 보아 왔다. 이것은 우리에게는 전통적인 기독교 문화가 없다는 것을 보여주는 것인지도 모른다. 고난주간, 그리고 적어도 성 금요일이 평소와는 다르다는 교회 문화를 정립해 가는 것은 필요할지도 모른다. 이런 외적 변화가 일시적일지는 모르나 우리의 믿음의 내적 변화를 가져올 수 있을지도 모른다는 생각이다.

성 금요일 풍습 중 다른 하나는 '십자가의 길(via dolorosa)'을 걸어가거나 묵상하는 것이다. 사람들은 그 길을 통상 다음의 열네 장면으로 나눈다.

| | | |
|---|---|---|
| 1처 | 마 27:26<br>막 15:15<br>요 19:16 | 예수님이 본디오 빌라도에 의해 심문을 받고 사형을 언도받다. |
| 2처 | 요 19:17 | 예수님이 십자가를 지시다. |
| 3처 | | 예수님이 처음으로 넘어지시다. |
| 4처 | | 예수님이 어머니 마리아를 만나시다. |
| 5처 | 마 27:32<br>막 15:21<br>눅 23:26 | 구레네 사람 시몬이 십자가를 지고 가시는 예수님을 돕다. |
| 6처 | | 베로니카가 예수님께 흰 수건을 건네주다. |
| 7처 | | 예수님이 두 번째로 넘어지시다. |
| 8처 | 눅 23:28 | 예수님이 울고 있는 여인들을 만나시다. |
| 9처 | | 예수님이 세 번째로 넘어지시다. |

| 10처 | | 예수님의 옷이 벗겨지다. |
|---|---|---|
| 11처 | 마 27:35<br>요 19:18<br>눅 23:33 | 예수님이 십자가에 못 박히시다. |
| 12처 | 마 27:50<br>막 15:37<br>눅 23:46<br>요 19:30 | 예수님이 십자가에서 운명하시다. |
| 13처 | 마 27:58-59<br>막 15:45-46<br>눅 23:52-53 | 제자들이 예수님의 시신을 십자가에서 내리다. |
| 14처 | 마 27:60<br>막 15:46<br>눅 23:53 | 예수님이 무덤에 안치되시다. |

위의 14처에 예수님의 부활을 추가하여 15처로 소개하기도 한다. 15처는 바로 교회의 제단이다.[153)]

성 금요일의 풍습 중 하나로 옛날 독일에서는 성 금요일에 낳은 달걀을 검은 통에 넣어 특별히 보관하였다고 한다. 보호와 치료 기능이 있다고 믿었기 때문이다. 특히 알프스 지역에서는 오늘날에도 그렇게 믿고 있다. 뇌우와 불을 막아준다는 속설이 있었기 때문이다.

### 5) 성 토요일

성 토요일에 하는 일은 달걀에 물감을 들이고, 부활절 과자를 굽는 것이다. 그리고 이 날은 각 가정에서 대청소의 날이기도 하다. 독일에서는 성 토요일 저녁에 해가 지고 나면 교회 앞마당에 장작불을 피운다. 그리

153) Manfred Becker-Huberti(1998): 287쪽.

고 동네 사람들이 그 주변에 몰려와 장작불 주위에 빙 둘러 놓은 의자에 앉아 교회에서 만들어 팔고 있는 수프와 커피, 그리고 차를 마신다.

### 6) 부활절 주일

해뜨기 전에 '부활절 물'을 떠온다. 부활절 물 뿌리기가 있다. 부활절 일요일에 가장 인기 있는 풍습은 계란 깨뜨리기 내기(Eierschlagen)이다.

### 7) 부활절 월요일

누가복음 24장 13절에서 35절까지의 말씀에 따르면 엠마오로 가는 두 제자들 앞에 부활하신 예수님이 나타난 날이다. 독일과 오스트리아, 스위스, 프랑스에서는 부활절 달걀을 줍는 날이다.

## 유럽의 중요한 부활절 문화

### 1) 부활절 달걀

유럽 부활절 문화 중 중요한 것 중의 하나는 부활절 달걀 문화이다. 부활절 채색 달걀은 백화점에서도 만들어 팔 뿐만 아니라 교회와 일반가정에서도 채색 달걀을 만들어 서로 선물하기도 한다. 필자는 약 20년 전에 '국제 부활절 달걀 전시회'를 구경한 적이 있다. 이 팀들은 유럽의 이 나라 저 나라로 돌

아다니면서 전시회를 갖는다. 그리고 거기에서 자기들이 만들고, 새기고, 그리고, 뜨개질하여 씌운 달걀들을 구경 온 사람들에게 판다. 거기에는 타조알, 오리알, 달걀도 있지만 달걀 모양의 도자기도 있고, 나무를 달걀 모양으로 깎아 거기에 그림을 그린 것도 있다. 전통적 문양도 있지만 성화나 동화의 주인공이 그려진 달걀도 있다. 달걀이 갖는 의미는 다산, 즉 풍요를 기원하는 의미이다. 이는 동서양을 망라한다. 중국인들은 벌써 5,000년 전에 채색된 달걀을 초봄에 선물했다고 한다. 유대인들에게도 달걀은 생명의 순환과 영생의 의미를 지닌다. 유월절 세데르(seder) 저녁에 접시에 상징적 의미를 가진 음식이 담겨 식탁 위에 오른다고 한다. 거기에도 달걀이 있다. "달걀은 인간 운명의 연약함, 즉 슬픔을 의미한다. 동시에 생명과 희망의 상징이다. 현실이 희망과 다르더라도 희망을 포기하지 말기를 가르친다고 한다. 둥근 형태가 생명으로 회귀하는 희망을 표현하며, 새해가 완전하기를, 즉 비극에 의해 중단되지 않기를 소망한다"[154]

154) Becker-Huberti, Manfred(1998): 310쪽.

고 한다.

기독교인에게 부활절 달걀은 예수 그리스도가 죽음과 무덤을 이겨낸 것처럼 얼핏 죽은 것처럼 보이지만 계란 껍질을 깨고 나오는 생명을 상징한다. 부활절 기간에는 육식이 금지되어 있으므로 달걀도 먹지 못하게 한 것은 7/8세기 쯤이라고 한다.[155] 달걀을 먹지 못하게 되니 계속 쌓이게 된다. 그리고 이걸 비교적 장기간 보관하는 방법이 삶는 것이다. 처음에는 계란에 빨간색을 칠했다. 계란에 빨간색을 칠하는 것은 부활한 그리스도, 그리고 그가 흘린 피를 가리킨다. 서방교회에서 채색 계란은 12/13세기에 등장한다. 초록색, 푸른색 노란색, 검은색, 은빛, 금빛의 계란이 등장했다. 17/18세기에는 달걀에 내용물을 빼내고 그 안에 말씀이나 부활절 축하 문구를 적어 넣은 달걀도 등장했다.

필자는 우리나라의 공예가들이 달걀 공예에 관심을 더 가졌으면 한다. 노이슈반슈타인 근처에 있는 호엔 슈반가우 성(Schloss Hohenschwangau)에 들어가면 큰 달걀 모양에 빨간색, 푸른색의 보석을 박아 넣은 공예품이 있다. 달걀 공예는 적어도 유럽에서는 아주 보편적으로 인기가 있는 공예품이다.

그런데 디츠 뤼디거 모저(2002)가 옛날의 부활절 달걀 풍습에 대해서 기술하고 있는 바에 따르면 옛날에는 달걀에 채색을 하거나 무늬를 새겨 넣은 달걀을 교회로 가져가서 축성(Weihe)을 받았다고 한다. 그렇게 되면 달걀에 초자연적 의미가 부여된다는 것이다. 축성을 받

155) Dietz-Rüdiger Moser(2002): 152쪽.

은 부활절 달걀은 민간의학에서 치료제로 사용될 수 있고, 몸에 지니고 다니면 해를 입는 것을 예방할 수 있고, 농경지나 씨앗을 뿌릴 때에 파묻어두면 풍성한 수확을 가져온다는 믿음이 있었다고 한다. 교회에서 부활절 미사를 드릴 때에 기도를 받는 것이다. 이것을 라틴어로 "Benedictio ovorum(부활절 달걀 축성)"이라 하였다. 이것은 이미 12세기부터 시작된 것으로 추정되는데,[156] 이런 축성식을 통하여 신성하고 축복을 주는 계란으로 바뀌는 것이다. 축성을 통하여 신성하게 바뀐 채색된 달걀이나 문양이 새겨진 달걀을 "부활절 달걀(Osterei)"이라 칭하는 것이다. 그리고 이때에 사용하는 달걀은 특히 성 목요일에 낳은 달걀을 선호하였다.[157] 바울 5세(1605~1621) 때 사제들이 사용한 부활절 달걀 축성식 기도문의 예가 있었다. 번역하여 인용하면 다음과 같다.

> "주님, 축복하소서. 우리는 주님께 청하오니, 주님이 창조하신 이 달걀들에 감사하면서, 그리고 주님의 부활을 상기하면서 그것을 먹는 당신의 믿음 있는 종들에게 몸에 좋은 음식이 되게 하소서!"[158]

그런데 종교개혁 이후 개신교도들은 소위 '부활절 달걀 축성'을 거부하였다. 하지만 일반 시민들 사이에서는 달걀을 선물하는 풍습이 퍼져갔다.[159] 부활절 달걀과 관련하여 참 재미있는 것은 도대체 누가 부활절 달걀을 낳느냐는 것이다. 널리 알려진 것은 부활절 토끼이다.

---

156) https://www.theology.de/kirche/kirchenjahr/osternrundumostern.php

157) 위 책 154~155쪽 참고.

158) https://www.theology.de/kirche/kirchenjahr/osternrundumostern.php.

159) Anke Fischer(2004): 36쪽.

이것은 17세기 경부터 시작된 것 같다.[160] 그런데 티롤지역에서는 '부활절 암탉', 상부 바이에른, 오스트리아, 튀링엔, 슐레스비히 홀스타인에서는 '수탉', 풀다에서는 '종려주일 나귀'가, 하노버에서는 '여우', 네덜란드 국경 지역에서는 '부활절 새' 혹은 '황새', 그리고 스위스 많은 지역에서는 '뻐꾸기'가 부활절 달걀을 가져온다고 생각하고, 상부 바이에른 일부 지역에서는 '부활절 양'이 부활절 달걀을 가져온다고 생각한다.[161]부활절 달걀이나 부활절 토끼와 간련하여 인터넷에는 재미있는 이미지나 동영상이 있다. 부활절 토끼가 용을 써서 달걀을 낳는다. 부활절 토끼가 낳아서 숨겨 놓은 달걀을 어린이들이 찾는다. 도대체 부활절 토끼와 달걀 사이에 무슨 상관이 있는가? 많은 주장들이 있지만 어느 것도 우리가 쉽게 납득할 만한 설명이 되지 못한다. 온라인 슈테른지에 이런저런 추측들을 모아놓았다.[162]

시내로 내려온 토끼 설: 야생 토끼와 겨울이 끝난 후 먹이를 찾아 시내로 내려왔다가 봄이 되어 새끼를 많이 낳게 되기 때문에 부활절 토끼를 얘기하게 되었다는 설

개신교 설: 가톨릭 교회가 금식을 강조하기 때문에 개신교도들은 자녀들이 금식을 하지 않도록 부활절 토끼 얘기를 지어내었다는 설.

게르만 신화 설: 번식력이 있는 토끼가 아프로디테와 게르만 땅의 신

160) Dietz-Rüdiger Moser(2002): 158쪽 및 Anke Fischer(2004): 36쪽 참고.

161) 위 사이트에서 재인용.

162) https://www.stern.de/familie/kinder/woher-kommt-der-osterhase—5927936.html

홀다의 동반자였는데, 초기 기독교에서 특히 부활절에는 토끼가 천국 안내자로 간주되었다는 설.[163)]

비자틴 문화 설: 비잔틴 문화에서 토끼가 그리스도를 상징한다는 설.

세 토끼 모티브 설: 파더본 성당 유리창에서 볼 수 있다시피 성삼위일체를 상징하는 세 토끼 모티브 설. 초기 부활절 달걀에는 세 토끼 모티브가 새겨졌다고 한다. "토끼와 귀는 셋이나 모든 토끼는 귀를 두 개씩 가지고 있다(Der Hasen und der Löffel drei, und doch hat jeder zwei)."[164)]

### 2) '부활절 물(Osterwasser)'과 '부활절 분수(Osterbrunnen)'

결혼하지 않은 처녀가 성 토요일이나 부활절 아침 해가 뜨기 이전에 샘이나 개울에서 길러온 물을 '부활절 물'이라 한다. 그러면 이 '부활절 물'은 특별한 축복이나 치유의 힘을 지닌다. 그런데 소녀가 이 물을 떠 오는 도중에 말을 하면 안 된다. 많은 지역에서는 부활절 아침에 다른 사람에게 물을 뿌려주기도 한다. 그러면 물을 받은 사람이 복을 받는다는 속설이 있다. 그래서 총각들이 아가씨가 흠뻑 젖도록 물을 뿌려주기도 한다. 부활절 아침에 내리는 비나 눈, 그리고 이슬에도 같은 힘이 있다고 생각하여 몸을 적시기도 한다. 정원에 수건을 펴 놓고 이슬을 받아 그것으로 몸을 문지르기도 한다. 아이들은 부활절 해뜨기

---

163) Dietz-Rüdiger Moser(2002): 150~151쪽 및 Anke Fischer(2004): 36쪽 참고.

164) 검색어 'drei Hasen Fenster'를 입력하여 이미지 검색하면 파더본 성당 유리창의 세 마리 토끼 이미지가 어떤 것인지 확인할 수 있다.

전에 풀밭에서 뒹굴기도 한다.

부활절에 분수나 샘을 장식하는 풍습은 이러한 부활절 물 길러 오는 것과 연관이 있어 보인다. 독일 바이에른 주의 프랑켄 스위스(Fränkische Schweiz) 지역의 '부활절 분수' 장식이 특히 유명하다. 고지 지역이라 물이 부족한 지역이다. 그러니까 당연히 물의 소중함을 아는 지역이다. '부활절 분수' 장식은 부활절 채색 달걀과 푸른 나뭇가지로 분수를 장식하는 것이다. 대부분 왕관 모양으로 만든다. 그 지역에는 장식하지 않은 우물과 분수가 거의 없다고 한다. 그리고 이 지역에 있는 비버바흐(Bieberbach)는 2000년에 11,108개의 채색 달걀로 장식하여 기네스북에 올랐다. 오늘날에는 '부활절 분수' 장식이 독일 전역에 퍼져 있다. '부활절 분수'는 종려주일에 장식하여 토앙 부활절 이후 2주간까지 전시된다.

### 3) Osterfeuer(부활절 불놀이)[165]

기독교에서 행하는 부활절 불놀이 풍습은 프랑스에서는 8세기 중엽에 시작되었으며, 독일의 교회에서는 11세기부터 행해져 왔다고 한다.[166] 15세기까지는 성 목요일에, 드물게는 성 금요일에 불놀이를 했다고 하나, 지금은 성 토요일 저녁과 부활절 주일에 걸쳐 행해진다. 시골에서는 장작더미를 쌓아놓고 불을 지르기도 하고, 지금도 베스트팔렌 주 뤼크데(Lügde)에서 행하고 있듯이 짚으로 바퀴를 만들어 불을 붙여 언덕 위에서 아래로 굴러 내리거나 들판 위로 굴러가게 한다.[167] 이것은 다시 돌아온 태양을 의미하는데, 이 불 바퀴가 굴러간 들판에서는 수확이 풍성해 진다고 믿었다. 일부 지역에서는 짚으로 인형을 만들어 부활절 불놀이를 할 때에 던져 넣어 태운다. 짚으로 만든 인형은 겨울을 형상화한 것이라고 한다. 이제 겨울이 지나가고 따뜻한 봄이 시작됨을 알리는 것이다. 이처럼 부활절 불놀이에는 미신적 요소가 많이 들어가 있다. 이 글을 쓰고 있는 순간 비 기독교적 문화권에서 자란 필자도 어릴 적 마을 뒷산에 올라 정월 대보름 불놀이를 하던 기억이 생생하다. 아무튼 부활절 불을 많이 보면 그해 행운이 많이 따른다는 속설이 있을 뿐만 아니라, 집이나 들판이 부활절 불빛을 많이 받을수록 행운이 깃들고 수확이 풍성해 진다고 사람들은 믿었다. 그렇게 하면 그들이 질병에 걸리지 않고, 집에 화재도 나지 않는다고 믿었다. 심

---

165) Angelika Feihhauer(2000): 79~81쪽 참고.

166) Hermann Kirchhoff(1995): Christliches Brauchtum. Feste und Bräuche im Jahreskreis. München : Kösel. 112쪽.

167) Angelika Feihhauer(2000): 92~93쪽.

지어 타다 남은 장작불을 집으로 가져가기도 했다. 그러면 집이 번개로부터 보호된다고 믿었다. 그리고 부활절 불놀이에서 나온 재를 아이들의 얼굴에 부비면 일 년 내내 건강하게 된다고 믿었다.

물론 부활절 불놀이에는 기독교적 의미도 있다. 성 금요일에 꺼진 것처럼 보이던 천국의 빛, 즉 예수 그리스도가 부활절 아침에 더욱 밝게 비춘다는 뜻을 가진다.[168] 헤르만 키르히호프가 소개하고 있는 부활절 불놀이에서 하는 기도문의 일부를 보면 그 의미가 더욱 명확해 진다.

> "전능하시고 영원하신 하나님, 하나님께서는 그리스도를 통하여 하나님을 믿는 모든 이에게 하나님의 영광의 빛을 주셨습니다. 밤을 밝히는 이 불을 축복하소서. 우리 속에 소멸하지 않는 빛이신 하나님을 향한 동경이 불타오르게 하소서. 그리하여 우리가 순수한 마음으로 영원한 부활절 축제에 이르게 하소서..... "[169]

부활절 불놀이에서 사람들은 여호와께서 시내 산에서 불 가운데 강림하셨고(출 19:18), 여호와의 사자가 떨기나무 불꽃 가운데에서 모세 앞에 나타나셨고(출 3:2), 광야의 이스라엘 백성들을 불기둥으로 인도하셨으며(출 3:21), 예수 그리스도께서 당신을 세상의 빛(요 8:12)이라고 한 사실을 상기한다. 필자는 연구년을 받아 독일에 체류하는 동안 성 토요일 저녁에 루터교회인 베를린 린덴 키르헤의 부활절 불놀이에 동참한 적이 있다. 교회 앞마당에 장작불을 피워놓고, 마을 사람들은 불 주위에 놓여 있는 의자에 둘러앉아 교회에서 만들어 팔고 있는 스프

168) Manfred Becker-Huberti(1998): 312쪽.

169) Hermann Kirchhoff(1995): 위의 책 113쪽.

와 커피, 그리고 차를 마셨다.

그 외에도 유럽의 부활절 문화에 대해서 할 얘기가 더 있다. 하지만 이 정도로 얘기를 끝맺을까 한다. 그 얘기들을 하나의 독립된 장으로 묶어 풍성한 얘기를 널어놓을 정도가 되지 못하기 때문이기도 하다.

부활절 얘기를 하면서 곽선희 목사님의 설교가 생각난다. 목사님께서는 설교에서 부활절의 의미를 다음 두 가지로 요약하셨다.

첫째는 우리의 죄가 얼마나 크기에 예수님을 십자가에 못 박아 죄 값을 치러야 했느냐를 생각해야 한다.

둘째는 우리가 얼마나 소중한 존재이기에 예수님을 죄 값으로 지불하고 우리를 구원하셨느냐를 생각해야 한다.

부활절 문화보다 부활절의 의미가 소중하다는 데에는 이의가 있을 수 없다. 디트리히 본회퍼가 목숨을 걸고 나치에 저항할 수 있었던 힘은 "부활절을 아는 사람이라면 절망할 수 없다."는 그의 부활에 대한 신념 때문이 아닐까?

## 저자후기

여호수아 22장 10절~30절의 내용을 보면 르우벤 자손과 갓 자손과 므낫세 반 지파가 가나안 땅 요단 언덕 가에 이르자 거기서 요단 가에 제단을 쌓았다. 그러자 다른 지파들이 "너희가 어찌하여 이스라엘 하나님께 범죄하여 오늘 여호와를 따르는 데서 돌아서서 너희를 위하여 제단을 쌓아 너희가 오늘 여호와께 거역하고자 하느냐?"며 다른 제사를 드리려 한다고 치러갔다. 그러자 르우벤 자손과 갓 자손과 므낫세 반 지파가 다음과 같이 대답했다.

> "후일에 너희의 자손이 우리 자손에게 말하여 이르기를 너희가 이스라엘 하나님 여호와와 무슨 상관이 있느냐. 너희 르우벤 자손 갓 자손아 여호와께서 우리와 너희 사이에 요단으로 경계를 삼으셨나니, 너희는 여호와께 받을 분깃이 없느니라 하여 너희의 자손이 우리 자손에게 여호와 경외하기를 그치게 할까 하여, 우리가 말하기를 우리가 이제 한 제단 쌓기를 준비하자 하였노니, 이는 번제를 위함도 아니요, 다른 제사를 위함도 아니라. 우리가 여호와 앞에서 우리의 번제와 우리의 다른 제사와 우리의 화목제로 섬기는 것을 우리와 너희 사이와 우리의 후대 사이에 증거가 되게 할 뿐으로서, 너희 자손들이 후일에 우리 자손들에게 이르기를 너희는 여호와께 받을 분깃이 없다 하지 못하게 하려 함이라. 우리가 말하였거니와 만일 그들이 후일에 우리에게나 우리 후대에게 이같이 말하면 우리가 말하기를 우리 조상이 지은 여호와의 제단 모형을 보라 이는 번제를 위한 것도 아니요 다른 제사를 위한 것도 아니라 오직 우리와 너희 사이에 증거만 되게 할 뿐이라."

교회의 역사가 2000년이 되었다. 유럽의 교회와 우리 한국의 교회 사이에 다른 제사를 드리려 하는 정도의 변질은 없는 것일까? 이것이 필자가 유럽의 교회 문화와 한국의 교회 문화에 관심을 가지게 된 계기이다. 교회사 전공자가 아니어서 무엇이 옳고, 무엇이 그르다고 말할 수는 없지만, 무엇 무엇이 어떠하다고 말할 수는 있지 않을까?

종교개혁 500주년을 한 해 앞두고 동래중앙교회에서 '예람신학연구소'를 설립하고, 그 연구소를 중심으로 '예람 기독교인문학강좌'를 운영하였다. 2016년이었다. 그해 봄부터 능력도 자격도 없는 사람이 한 학기에 한 번씩 강좌에 동참하였다. '하나님의 은혜'라고 말하기에는 필자의 능력을 스스로가 잘 알기에 오히려 부끄럽다. 얄팍한 지식에 불과하지만 그것을 발표할 기회를 준 동래중앙교회와 예람신학연구소에 감사를 드려야 함이 마땅하다. 아무튼 3년에 걸친 여섯 번의 강좌 내용이 본서의 주된 내용이다. 발표 당시 급히 원고를 쓰느라 부족했던 일부의 원고 내용은 설명을 덧붙이고 보충하였다. 마지막 장 부활절은 구색을 갖추기 위한 욕심 때문에 추가하게 되었다. 급히 원고를 쓰다 보니 다소 엉성한 감도 없지 않다. 세부적인 내용을 어떻게 분류하여 담을까 하는 것이 참 어려웠다.

그동안 재미가 없는 강의였지만 발표 때마다 격려해주신 동래중앙교회 성도님들과 인근 교회에서 오신 성도님들께 감사를 드린다. 그것이 원고를 준비하는 데 큰 힘이 되었기 때문이다. 존경하는 목사님들께서 부족한 책에 대해서 기꺼이 추천서를 써 주셨다. 그 이유는 본서의 내용이 훌륭해서라기보다는 부족함이 많은 필자를 격려하기 위함임을 잘 알기에 깊이 감사드린다. 무엇보다도 우리나라 출판사들의 어려운 경영 여건 속에서도 흔쾌히 출판을 허락해주신 신아사 정현걸 대표이사님께 감사드린다. 본서의 인세 수입금은 미혼모를 위해서 쓰이기를 희망하면서 특강의 기회를 준 동래중앙교회에 전액 바치기로 하나님께 약속했다.

혹 내용 중에 사실과 다른 내용이 있다면 오로지 필자의 부족함 때문이다. 독자 제현의 넓은 이해와 지도편달을 부탁드린다.

## 참고문헌

곽병휴(2000): 하이델베르크에서 쓴 독일, 독일인. 신지서원.

곽병휴(2003): 도시 속의 독일문화(상). 육일문화사.

곽병휴(2007): 베를린에서 쓴 독일, 독일인. 효민.

곽병휴(2003): "독일민속연구(1): 12월의 독일 풍속과 문화". 경성대학교 인문과학연구소. 인문과학논총 특별호 1집. 205-216.

곽병휴(2004): "독일민속연구(2): 독일의 추수 감사절". 경성대학교 인문과학연구소. 인문과학논총 특별호 3집. 215-226.

곽병휴(2004): "독일민속연구(3): 독일의 주현절(主顯節)과 성삼왕(聖三王)의 날". 경성대학교 인문과학연구소. 인문과학논총 특별호 4집. 161-170.

문준일(2012): "러시아 정교 십자가의 비밀", Russia-CIS Focus. 제 162호.

Asel, Jennifer(2009): Das Kaiser Heinrich II. und Kunigunde. Regenten zwischen und Religion. Diplomatica Verlag.

Bärtsch, Albert(2002): Feste und Bräuche im Thurgau. Frauenfelt/Stuttgart/Wien: Huber.

Becker-Huberti, Manfred(1998): Feiern Feste Jahreszeiten. Freiburg/Basel/Wien: Herder.

Becker-Huberti, Manfred(2001): Lexikon der Bräuche und Feste. 3. Aufl., Freiburg: Herder.

Bichler, Albert(1997): Feste und Bräuche. Müchen: Franz Schneider.

Feihhauer, Angelika(2000): Feste feiern in Deutschland. Ein Führer zu alten und neuen Volksfesten und Bräuchen. Zürich: sanssluci.

Fischer, Anke(2004): Feste und Bräuche in Deutschland. Fränkisch-Crumbach: EDITION XXL.

Heinold, Ehrhardt u. Paulsen, Alix(2001): Erzgebirgisches Weihnachts-ABC. Husum: Husum.

Hirschmann, Frank G. u. Maréchal, Romain(2014): Die heilige Kaiserin. Kunigunde von Luxemburg. Trier: Verlag Michael Weyand.

Holtei, Christa & Michalski, Tilman(2005): Das große Familienbuch der

Feste und Bräuche. Mannheim: Patmos.
Kirchhoff, Hermann(1995): Christliches Brauchtum. Feste und Bräuche im Jahreskreis. München: Kösel.
König, Hermine(2001): Feste feiern – Bräuche neu entdecken. München: Kösel.
Landmann, Salcia(1968): Jüdische Witze. 11. Aufl. DTV.
Matthiae, Gisela(2013): Wo der Glaube ist, da ist auch Lachen. Freiburg: Kreuz.
Michel-Andino, Andreas(2000): Kleine Philosophie des Lachens. Koblenz : Fölbach.
Moody, Raymond A.(1978): Laugh after Laugh – The Healing Power of Humor. Florida: Headwaters Press. In: Lachen! Über die heilende Kraft des Humors. Hamburg: Rowohlt
Moser, Dietz-Rüdiger(2002): Bräuche und Feste durch das ganze Jahr. Freiburg/Basel/Wien: Herder.
Schmerbeck, Martina(2003): Schöne Tage, frohe Feste. Münster: Coppenrath.
Schneider-Stotzer, Franziska(2001): Von Advent, Weihnachten und DreiKönigsfest: Feste und Bräuche im Jahreskreis – Winter. Luzern: rex Verlag.
Schneider-Stotzer, Franziska(2001): Von Frühlingserwachen, Ostern und Himmelfahrt: Feste und Bräuche im Jahreskreis – Frühling.
Schönfeldt, Sybil Gräfin(1999): Feste und Bräuche durch das Jahr. Berlin: Urania.
Schulz, Steffen(Hrsg.)(2015): Gott hat gut lachen. Weimar: Bartburg.
Seebach, Helmut(1995): Alte Fest in der Pfalz. Bd. 1: Advent, Weihnachten, Silvester, DreiKönigstag. Anweiler-Queichhambach.
Titze, Michael u. Patsch, Inge(2004): Die Humor-Strategie. Auf verblüffende Art Konflikte lösen; 곽병휴 역(2007): 유머전략. 학지사.
Woll, Johanna(1995): Feste und Bräuche im Jahreslauf. 2Aufl. Stuttgart: Ulmer.
Ziegler-Schneikart, Lioba(2011): Der Kunigundenweg. Von Aub nach Bamberg. Bamberg: Heinrichs-Verlag.
* 기타 인용된 인터넷 사이트는 각주를 참고할 것.

**곽병휴**

경북대학교 사범대학 독일어과를 졸업하고,
동 대학교 대학원에서 박사학위를 받았다.
경성대학교 문과대학장을 역임하였으며,
현재 문과대학 글로컬문화학부 교수로 재직 중이다.

독일문화와 관련하여 여러 권의 역·저서가 있으며,
학술연구재단의 '인문명저번역' 사업의 지원을 받아
역서 헬무트 기퍼의 『언어상대성원리는 있는가?』
(2016, 아카넷)를 출간하였다. 그리고 최근 수필집
『선생님, 나의 선생님』(2019, 신아사)를 출간하였다.

현재 부산 대연성결교회에서 안수집사로 섬기고 있다.

인지

곽병휴 교수의
기독교 인문학 특강
동래중앙교회 예람 기독교인문학강좌

초판 발행 _ 2019년 4월 21일

저 자 • 곽 병 휴
발 행 인 • 정 현 걸
발 행 • 신 아 사
인 쇄 • 토탈프로세스
주 소 • 서울시 은평구 통일로 59길 4(2F)
전 화 • 02)382-6411 · 팩스 02)382-6401
홈페이지 • www.shinasa.co.kr
E-MAIL • shinasa@daum.net
출판등록 • 1956년 1월 5일 (제9-52호)

ISBN 978-89-8396-338-3(03230)

정가 13,000원